AI시대의 프로강사 시크릿

초격차 강사의 기술

AI시대의 프로강사 시크릿
초격차 강사의 기술

초판 1쇄 인쇄 2025년 5월 14일
초판 1쇄 발행 2025년 5월 28일

지은이 박조은

발행인 백유미 조영석
발행처 (주)라온아시아
주소 서울특별시 서초구 방배로 180 스파크플러스 3F

등록 2016년 7월 5일 제 2016-000141호
전화 070-7600-8230   **팩스** 070-4754-2473

값 19,500원
ISBN 979-11-6958-209-4   (13320)

라온북은 독자 여러분의 소중한 원고를 기다리고 있습니다. (raonbook@raonasia.co.kr)

AI시대의 프로강사 시크릿

초격차 강사의 기술

박조은 지음

강의 준비, 사전 조사, 기획, 현장 노하우
챗GPT, 노션, 다양한 강의 툴 활용법 공개!
쓰레드를 활용한 강사 브랜딩 비법

초격차 강사의 강의 경험과 비밀을 한 권에 모두 담았다

RAON
BOOK

미래를 꿈꾸며 앞으로 나아갈 당신의 꿈을 응원합니다.

태어나 가장 설레었던 적이 언제이신가요?

만약 누군가 제게 이렇게 물어본다면 망설임 없이 "지금"이라
고 대답할 것 같습니다. 저는 2024년 초까지는 어린이집을 운영
하는 원장이었습니다. 그리고 현재는 디지털 강사입니다. 제 소
개를 들으시고, 어떤 생각이 드셨나요? '아이들과 함께하던 어린
이집 원장이, 갑자기 디지털 강사를 한다니…무슨 일이지?'하는
생각이 들진 않을까 싶습니다.

이러저러한 사연으로 제겐 참 소중한 보금터였던 따뜻하고,
사랑이 넘치던 저의 어린이집을 정리하게 되었습니다. 학부모의
신임과 교사들의 존경을 받으며 운영하던 원을 정리하고 '앞으
로 어떤 일을 해야 할까'라는 고민을 덜어주고, 새로운 인생을 열
어주었던 건, 저의 두 번째 직업, 바로 '강사'였습니다.

하던 일을 뒤로하고, 새로운 직업을 선택한 건 절대 쉬운 일은 아니었습니다. 다시 현장으로 돌아갈 수도 있었지만, 저는 왜 강사로서의 길을 선택했을까요? 오너의 역할을 하며 교사들을 관리하고 부모님들과 소통을 하던 제가 '강사'라는 일에 무슨 매력을 느껴 겁도 없이 선택을 했을까요?

이전과는 또 다른 새로운 시작에 매일 활기가 넘치는 삶을 디자인하고 있는 저는 IT와 관련한 강의 외에 다양한 디지털 프로그램을 다루는 강의를 하며 전국의 여러 기관, 기업, 대학교, 기타 다양한 곳을 다니고 있습니다.

디지털 관련 전공을 하지 않았음에도 전국에서 러브콜이 이어지고 있어, 저 스스로도 놀랍고 감사한 날들입니다. 이 글을 쓰고 있는 오늘 오후에도 벌써부터 내년의 강의 일정이 꽉 차 있을까 봐 걱정이 된다며 지난 강의의 담당자에게 전화가 왔고, 지난주 런칭을 한 새 강의의 모집인원이 벌써 마감되었다고 문자가 왔습니다.

전국의 내로라할 강사님들에 견주기엔 아직은 햇병아리 강사이지만, 누구든 마음만 먹으면, 열심히 준비하면 강사라는 일을 잘 해낼 수 있을 거라는 응원의 메시지를 전하고 싶어 이 원고를 씁니다.

강의 계획서는 어떻게 써야 하는지, 자격증이나 강의 과정은 어떻게 공부하고 기획해야 하는지, 1부터 10까지 몸으로 부딪히며 배워왔던 과정들을 누군가 이끌어 주었으면 했던 마음을 담아, 하나씩 풀어보았습니다.

첫 강의에서 기술적 문제로 식은땀이 흐르던 그 순간을 아직도 생생히 기억합니다. 수강생들의 무표정한 얼굴들이 저를 압도했습니다. 순간, 내가 지금 과연 잘하고 있는 건지, 이 길이 내게 맞는 건지 깊이 고민했습니다. "강사님의 다그치는 듯한 말투에 불편했어요."라는 제 특유의 친밀감의 표현을 지적하던 학습자도 있었고, 아직도 제 마음에 깊이 남아 있습니다. 매번 모든 강의가 만족스러웠던 것은 당연히 아니었습니다. 강의 후 허탈하고 속상한 마음에 시간을 보낸 적도 많았습니다.

그런데 어느 순간 그 과정들이 저에게 큰 배움이 되고, 성장의 발판이 된다는 걸 깨닫게 되었습니다. 어린이집이라는 울타리 안에만 있던 제가 세상에 나와 직접 몸으로 부딪히며 느꼈던 좌절감과 아쉬움들은 저를 한 단계 성장할 수 있도록 이끌어 주었습니다. 초반의 고비들을 넘기다 보니 노하우가 쌓였고, 나만의 캐릭터를 만들어 가고 있습니다. 100%의 만족은 아니더라도 최소한 80~90%의 학습자분들은 저에게 호의를 느낄만한 강의를 하기 시작한 것 같습니다. 작은 성공이 하나씩 찾아오는 듯, 담당자님들이 바로 피드백을 주시기 시작했고, 수강생들은 저의 SNS를 궁금해했고, 명함을 받아보고 싶어 하기도 하였습니다. 그렇게 지금에 이르렀고, 앞으로는 얼마나 더 빛이 날지 기대가 되는 요즘입니다.

저처럼 새로운 도전 앞에 서는 예비 강사들, 그리고 자신의 업무에서 인정받고 싶어 하는 사람들에게 작게나마 본인을 성장시킬 수 있는 계기가 되고, 또 새로운 삶을 도전하는 데 도움이 되었으면 합니다. 이 책이 정답은 아니더라도, 용기와 힌트를 얻을 수 있는 도움서가 되길 바랍니다.

누구나 처음에는 미숙할 수 있습니다. 미숙한 걸 당연히 여기고 배우는 것이 용기가 아닐까요? 세상 누구보다 순수한 우리 아이들처럼요. 첫걸음이 어려울 수 있지만, 걸음을 뗀 이상 앞으로 정진하고자 하는 마음은 흔들리지 않도록 이 책으로 도움을 드리겠습니다. 이 책을 통해 강사를 꿈꾸는 당신이, 그리고 도전에 나선 당신이, 자신의 한계를 뛰어넘고 새로운 성장을 경험하길 바랍니다. 웃으며 넘어지고, 다시 일어서는 그 과정에서 여러분은 진정한 강사로서의 자신을 발견할 것입니다. 그리고 언젠가 이 책의 첫 페이지를 넘기던 순간을 떠올리며, '그때 시작하길 참 잘했어'라고 미소 지을 날이 올 것이라고 확신합니다.

나에게 주어진 대로 사는 삶이 사는 것이 아닌, 미래를 꿈꾸며 앞으로 나아갈 당신의 꿈을 응원합니다.

Contents

Chapter.1 강의 준비와 철저한 사전 조사

Chapter.2 강의 기획과 현장 운영

Chapter.3 강의 현장에서의 노하우

Chapter.4 효율적 강의를 위한 챗GPT 활용 방법

Chapter.5 노션을 활용한 강사 스킬 강화

Chapter.6 쓰레드를 활용한 강사의 브랜딩

부록. 강사가 활용하면 좋은 다양한 도구, 플랫폼 추천!

Chapter.1

강의 준비와
철저한 사전 조사

1

학습자 분석

학습자의 니즈와 수준을 파악하기

↗ ■ 학습자 이해의 중요성

강의를 성공적으로 이끌기 위해 가장 먼저 해야 할 일은 학습자의 특성과 요구사항을 이해하고 분석하는 것이다. 담당자를 통해 알게 되는 기본적인 정보 수집에서 그치기보다는 학습자의 수준, 경험, 직업군, 배경, 관심사, 기대 등을 다각도로 이해할 수 있도록 질문하고 답변을 수집하여 학습자층을 분석하는 것을 의미한다. 실제 강의에서 방향과 난이도, 강의의 진행 속도는 강의 평가에 절대적으로 작용하는 요소라고 볼 수 있다. 강의를 기획하고 준비할 때, 학습자의 연령, 직업, 교육 수준, 학습 경험 등 구체적인 데이터를 토대로 강의 내용을 맞춤화하면 학습 동기부여와 이해도, 평가와 만족도 부분에서 크게 향상되는 것을 알게 될 것이다.

✐ ■ 구체적 정보 수집 방법

1) 설문 조사

사실 강의 전에 학습자에 대한 정보는 담당자를 통해 얻을 수 있는 것이 대부분이다. 나의 경우, 강의 의뢰 기관의 성격에 따라 사전에 설문 조사가 가능한지 등을 문의하고, 가능하다고 하면 온라인 플랫폼(구글폼, 네이버폼, 기타 다양한 디지털 도구 등)을 활용하여 간단한 문항을 구성하여 제출한다. 설문 조사는 개인정보를 제외한 학습자의 기본적인 강의와 관련된 정보를 얻는 데 도움이 되고, 실제 현장에서도 더욱 매끄럽게 강의를 진행하는 데 도움이 된다.

2) 강의 전, 쉬는 시간 등 자연스러운 대화 준비

강의에 따라 설문 조사가 허용되지 않는 경우도 많다. 이런 경우에는 기본적인 정보 및 강의 기획 단계에서 충실히 준비를 하고, 실제 강의 당일 학습자의 강의에 대한 기대나 현행 수준 등을 간단한 질문으로 대화를 하는 것이 도움이 된다. 이는 더욱 친근감 있고 생생한 소통을 가능하게 하여 실제 강의를 운영하는 동안에도 긍정적인 작용을 하게 된다.

3) 사전 테스트 및 퀴즈

강의를 시작하기 전에 라포를 형성하기 위해 아이스브레이킹을 하는 강사가 많다. 단순히 즐거움을 주기 위해, 서먹서먹한 분위기를 풀기 위해 하는 아이스브레이킹도 나쁘지 않지만, 강의 주제와 내용과 관련해 관심을 가지고 집중을 할 수 있는 내용으로 진행하는 것을 추천한다. 이 과정은 매끄러운 강의 진행뿐 아니라 강사 역시 학습자의 태도와 분위기, 수준 등을 파악할 수 있어 도움이 된다. 초반의 이러한 시간을 통해 학습자의 수준을 이해하게 되면 강의 내용을 상황에 맞게 유연하게 조정할 수 있고, 속도와 수준 등을 고려하여 운영할 수 있다.

4) 간단한 거수를 통한 수준 파악

강의를 시작하며 강의에 대한 이해 수준, 경험 등을 간단히 질문을 통해 학습자에게 답변을 얻는 것도 좋은 방법이라고 생각한다. 이는 학습자에게도 큰 부담이 되지 않을뿐더러 강의 진행 시 개별 학습자에게 맞는 보충 자료나 추가 설명을 하는데 활용할 수 있다.

위의 방법으로 다양한 연령대와 직업군, 대상에 따른 데이터를 축적하게 되는데 이는 일회성으로 끝내는 것이 아니라 나만의 학습자 데이터로 재구성하는 것을 추천한다. 엑셀, 구글 스프레드시트, 노션 등 다양한 툴을 사용하여 수집한 학습자 정보를 분류, 정리하고, 이를 통해 학습자 그룹 내에서 공통적인 요구와 개별적인 차이를 쉽게 파악할 수 있다. 또한 학습자 간의 차이점과 주요 포인트 등을 이해하고 이후의 강의 준비 과정에도 큰 도움을 줄 수 있다. 이렇게 데이터를 분석하며 학습자들의 관심사나 학습 성향에서 나타나는 패턴을 발견하게 된다. 예를 들어, 특정 연령대나 직업군에서 선호하는 강의 방식이나 형태, 분위기 등을 알 수 있게 된다. 이를 바탕으로 이후의 강의에 지속적으로 반영하며 맞춤형 강의 전략을 수립할 수 있다.

학습자 분석을 통해 얻은 데이터는 강의 계획의 모든 단계에서 중요한 참고 자료로 활용된다. 학습자의 특성을 고려한 맞춤형 강의를 구성함으로써, 학습 동기와 참여도가 높아지며 학습자에 대한 이해도가 높아진다. 강의 중 학습자의 반응을 지속적으로 모니터링하고, 필요에 따라 즉각적인 피드백과 보완 조치를 취하는 것이 수월해질 수 있다.

학습자의 니즈와 수준을 고려한 최적화된 강의를 준비함으로써 학습 효과는 극대화하고 강의에 대한 만족도를 높일 수 있기를 바란다.

명확한 목표 설정

강의 담당자와 소통을 하여 목표를 확인하기

↗ ■ 목표 설정의 필요성 및 기본 원칙

강의를 의뢰받은 후, 강의를 계획하고 목표를 설정하는 것은 가장 중요한 절차이다. 강의의 전반적인 방향과 성과를 좌우하는 요소가 되므로 강의 대상과 목표에 대해 명확하게 이해하고 구체적인 방향을 설정하는 것이 필요하다. 목표가 분명해야 강의의 내용, 진행 방식, 평가 기준 등을 체계적으로 구성할 수 있으므로, 이 과정에서 강의 담당자와의 충분한 소통을 통해 강의목표와 기대하는 성과를 명확히 하는 것을 우선으로 해야 한다.

↗ ■ 강의 담당자와의 효과적인 소통 방법

1) 사전 미팅 및 인터뷰 진행

강의 의뢰의 경우, 다양한 방법으로 진행될 수 있다. 메일이나 블로그 댓글로 문의를 하는 경우도 있고, 유선 통화로 강의 가능 여부부터 확인할 수 있다. 담당자에 따라 그 과정이 다를 수 있으므로, 모든 과정을 메모하며 강의 전 미팅이나 인터뷰 등의 일정을 계획하는 것이 필요하다.

2) 목표 공유 회의

강의 시작 전 담당자와의 미팅, 회의(혹은 유선이나 메일 등을 통해 주고받을 수 있다)를 통해 강의의 핵심 목표, 수강 대상에 대한 정보, 강의를 통해 전달하고자 하는 메시지, 기대하는 결과 등을 구체적으로 논의한다.

3) 인터뷰 형식의 질의응답

강의의 규모에 따라 다를 수 있지만, 보통 다수의 수강자가 있거나, 공공기관 및 기업, 지자체에서 운영하는 강의의 경우 담당자의 요구사항과 기대치를 보다 상세히 파악하고 준비하는 것이 중요하다. 사전에 질문을 세팅하고 담당자가 요청하는 것 외에도 강의를 준비하기에 필요한 내용을 확인하는 것이 도움이 된다. 그리고 필요한 경우 수강자에게 사전 설문 조사를 받거나 강의에 관련한 질문 등을 추가로 받는 것이 좋다. 또한 이전 강의 혹은 강의를 의뢰하는 곳에서 활용하던 기존의 사례를 요청한다.

4) 강의 계획서 작성

회의 및 인터뷰에서 도출된 내용을 토대로 강의 목표를 포함한 강의 계획서를 작성한다. 이 문서에는 강의의 핵심 목표, 세부 학습 목표, 세부 강의 내용 및 예상되는 성과, 비고 사항 등을 작성하여 의뢰하는 곳에서 강의에 관련한 전체 내용을 한눈에 알아보기 쉽게 작성하는 것이 필요하다. 작성된 문서를 담당자에게 공유하고, 추가 수정이나 보완 사항을 반영하여 최종 목표를 확정한다.

■ 구체적 목표 설정 및 평가

강의의 최종 목적에 따라 강의의 형태 및 진행 방향이 달라질 수 있다. 지식 전달, 기술 습득, 태도 변화 등 강의가 궁극적으로 달성하고자 하는 목적을 담당자와의 상호작용을 통해 확인하고 명확하게 설정한다.

1) 세부 학습 목표

이 내용은 내가 강의를 준비하고 계획서를 작성할 때 특히 신경을 쓰는 부분이다. 전체 강의에 대한 개괄적 내용뿐만 아니라 강의 내용의 각 세션이나 파트별로 구체적인 학습 목표를 정리하여, 강의 진행 과정에 대해 상세히 알 수 있도록 강의 계획서에 첨부한다.

2) 평가 기준과 성과 지표

강의를 하게 된 후, 이후 강의에도 계속 연결되는 중요한 지표가 바로 강의만족도 조사이다. 강의를 의뢰하는 기관에서 진행하지만, 강의를 하는 강사로서도 이 내용이 매우 중요한 데이터가 되기 때문에 강의를 마무리하는 시점에서 간단한 평가를 진행하는 것이 도움이 된다. 물론, 강의의 흐름에 지장이 없는 선에서 운영하는 것이 바람직하다. 강의 후 평가를 통해 목표 달성 여부를 판단할 수 있도록, 객관적인 평가 기준과 성과 지표(예: 사전/사후 테스트, 피드백 설문)를 마련하는 것이 좋다.

3) 일정 및 진행 계획에 반영

강의 의뢰를 할 때에 보통 1시간, 2시간 등 시간 단위로 요청을 하는 경우가 대부분이다. 하지만 현장에 가면 간혹 수강자의 일정 등과 관련하여 단축하여 운영해주기를 원하는 경우도 있다. 강사가 준비한 내용을 강의 당일 무리 없이 진행할 수 있도록 일정에 따라 목표 달성을 위한 시간 분배와 세부 진행 계획을 수립하는 것이 좋다. 그리고 이 과정에서는 무리하게 많은 내용을 전달하고자 하는 것보다는 하나의 내용이라도 수강자가 명확하게 이해하고 실전에 활용할 수 있도록 하는 것이 중요하다. 강의 현장의 변수를 고려하여 각 세부 강의별 점검 및 조정 방안을 마련한다.

트렌드를 반영한 자료 조사

책과 유튜브 등 미디어 자료, 통계 자료,
최신 칼럼 등을 통해 자료 조사하기

■ 최신 트렌드와 자료 조사의 중요성

현대 강의는 빠르게 변화하는 정보와 트렌드를 반영해야 한다. 강의의 주제에 대해서 일목요연하게 학습하고, 수강자가 이를 통해 바로 반영하고 활용할 수 있는 것이 강의의 주요한 목표이다. 이를 위해서는 내가 기존에 하던 내용을 반복적으로 하는 것이 아닌, 다양한 출처에서 자료를 수집하고, 정보를 반영하여 실질적으로 도움이 될 수 있는 맞춤형 강의로 운영하는 것이 필수적이다.

■ 시대 적합성 확보

최신 트렌드를 반영하면 학습자들이 현재 상황에 맞는 지식과 정보를 얻을 수 있다. 너무 방대한 정보 안에서 학습자는 사실 무엇을 어떻게 적용하고 활용하면 좋을지 어려움을 겪고 있을 수 있다. 물론 강의를 하는 나는 해당 정보에 대해 주기적으로 체크를 하고 공부를 하고 있기에 당연히 알고 있는 부분이겠지만, 실제 현장에 갔을 때 강의와 관련된 기본적인 지식 정보조차 처음 마주하는 학습자를 마주하는 상황이 상당하다.

■ 다양한 관점 제공

넘쳐나는 정보 안에서 어떤 것이 '좋다, 나쁘다'라고 판단할 수는 없다. 각자의 개인적 상황과 관점이 있기에 이 부분을 판단하여 일방적으로 전달하기보다는 사전에 충분한 정보를 파악하고 다양한 관점에서 해석하는 것이 중요하다. 나는 강의 제안을 받으면 우선 그 과목과 관련된 책, 유튜브 등 미디어 자료, 신문 기사나 통계 자료, 칼럼 등 다양한 자료를 검색하고 찾아본다. 한가지 시각에 머무르지 않고, 여러 각도에서 주제를 바라볼 수 있는 데 분명한 도움이 된다.

그림2 국가정책연구포털 사이트

그림3 국립중앙도서관

그림4 KOSIS 국가통계포털

그림5 빅카인즈 BIGkinds

✎ ■ 자료 조사 방법 및 전략

1) 책과 출판물 활용

전문 서적 및 최신 출판물 등 강의 주제와 관련된 최신 서적,
출판물을 통해 기초 이론과 심화 내용을 확보하고 점검한다.

2) 도서관 및 온라인 서점 활용

매번 강의와 관련된 도서를 구매하는 것은 부담이 될 수 있다. 시간적 여유가 있다면 오프라인 도서관에 방문해 전체적인 흐름을 살펴보거나 이동 시에는 전자책 등을 찾아보는 등 시간을 효율적으로 관리하며 강사로서의 정보를 지속적으로 업데이트하는 것이 도움이 된다. 그리고 각 자료에 대한 장단점을 비교 분석하고 내 강의에 반영한다.

3) 유튜브 및 동영상 콘텐츠 활용

유튜브 등 미디어 채널에서 신뢰성 있는 전문가나 교육 채널의 영상을 참고하여 실시간 트렌드와 실제 사례를 확인한다. 이 과정에서 학습자에게 강의의 필요성을 어필할 수 있는 좋은 자료를 찾을 수 있고, 보다 쉽고 효과적으로 전달할 수 있는 방법과 사례 등을 연구하는 자료도 얻을 수 있다.

4) 실제 강의와 인터뷰 자료 수집

강의 사례, 인터뷰, 세미나 등의 동영상 자료를 통해 현장의 생생한 목소리를 듣고, 이를 강의에 반영한다. 실제로 다양한 강의가 온/오프라인으로 활성화되어 있어, 관심 있는 분야에 대해서는 참석하여 어떤 식으로 운영하고, 전달하는지에 대해 학습자의 입장에서 강의를 들어보곤 하는데, 이 방법은 전달 방법과 스킬을 향상시키는 데 직접적인 도움을 줄 수 있다.

5) 최신 칼럼과 온라인 기사 조사

공신력 있는 언론 및 블로그, 검색 포털 등을 활용해 강의 주제와 관련한 최신 이슈와 동향을 파악하고, 강의 초반에 이러한 내용을 삽입하여 함께 살펴보는 방법을 추천한다. 강사 역시 트렌드에 대해 민감하게 반응하여 강의 내용을 보완해 나갈 수 있고, 학습자의 입장에서도 해당 내용을 학습하고자 하는 당위성을 이해할 수 있다. 이러한 부분은 강의의 집중도 역할에서도 긍정적인 역할을 한다.

6) SNS 및 커뮤니티 모니터링

인스타그램, 블로그, 페이스북 등 소셜 미디어와 전문 커뮤니티에서 논의되는 최신 주제와 사례를 참고하며 강의에 접목하는 것 역시 중요하다. 내가 진행하는 강의와 관련해 필요한 정보를 지속적으로 모니터링하고 반영하는 것은 강의 내용을 향상하는 것뿐만 아니라, 강의에 대한 만족도도 높일 수 있다.

■ 자료 조사 후 검증 및 정리 과정

위의 방법을 통해 자료 등을 조사하게 되면 그다음으로 해야 하는 절차가 검증을 하는 것이다. 수집된 자료의 출처를 철저히 검토하고, 공신력 있는 자료만을 선정하여 강의에 활용한다. 또한 수집한 정보와 자료를 그대로 내 강의에 카피를 하는 것이 아니라, 내가 강의하는 내용에 어떻게 적용할지 고민하는 시간을 충분히 가져야 한다. 각 자료의 핵심 포인트를 요약하고, 관련 데이터를 도표나 차트로 정리해 시각적으로 표현하게 되는 경우에는 신뢰성을 높이기 위해 참고한 자료의 출처와 인용 정보를 정리하는 것이 필요하다.

이러한 과정을 통해 다양한 출처에서 얻은 자료를 활용해 강의 내용을 지속적으로 발전시키는 것이 강사의 기본 역량이라고 생각한다. 강의에 깊이 있는 분석과 풍부한 사례를 제공하여, 학습자들이 폭넓은 시각을 가질 수 있도록 도와주는 것이 강의의 목적임을 기억하는 것이 중요하다. 시대에 뒤떨어지지 않고, 최신 동향을 반영하며, 검증된 출처의 자료를 활용함으로써 강의의 신뢰성과 전문성을 높이고, 학습자들에게 명확한 정보 전달을 할 수 있는 나만의 강의를 만들어 보길 바란다.

강의 흐름의 마법, 스토리보드로 설계하기

스토리보드로 강의의 흐름을 만들기

■ 스토리보드의 중요성과 역할

강의의 성공적인 진행은 앞서 이야기한 사전에 잘 계획된 강의 흐름, 즉 목표와 계획에 크게 의존한다고 생각한다. 강의가 익숙해지더라도 다양한 변수가 존재할 수 있으므로, 항상 강사로서 다양한 상황을 유연하게 대처할 수 있도록 준비하는 것이 중요하다. 나의 경우, 스토리보드를 설계함으로써 이러한 부분을 준비하고 있다. 스토리보드를 통해 전체 강의의 전개 과정을 시각적으로 정리하고, 실제 현장에 가지고 가 강의 전에 전체 내용을 상기함으로써 강의 진행을 보다 원만하게 할 수 있다. 스토리보드를 작업하는 것은 어찌 보면 상당히 귀찮고 시간 소모적인 일이라고 생각할 수 있지만, 기본적인 틀 안에서 각 강의마다의 특성과 상황, 내용 등을 반영해 만들다 보면 강사로서의 진행 능력에 확실한 도움을 줄 뿐 아니라, 각 파트의 연결성과 순서를 확실하게 잡아줄 수 있다. 이를 통해 학습자들이 내용을 체계적으로 이해할 수 있도록 돕고, 강의 진행 중 발생할 수 있는 혼란을 미연에 방지할 수 있다.

■ 1. 스토리보드 작성 절차

1) 핵심 강의 내용 도출

강의의 주요 주제와 각 세부 항목을 명확히 정의한다. 강의를 하는 강사는 항상 학습자에게 초점을 맞춰야 한다. 각 주요 주제와 세부 내용을 정확하게 전달하기 위해서는 강사가 이 부분을 명확하게 숙지하는 것이 우선되어야 한다. 그리고 개괄적인 내용 안에서 파트를 구분하고, 각 파트별로 전달해야 할 핵심 메시지와 목표를 미리 정리해 둔다.

2) 시간 배분 및 전개 순서 설정

강의 전체 시간을 고려해 각 파트에 할당할 시간을 설정한다. 나의 경우, 인사 및 아이스브레이킹의 시간과 강의 소개 및 시간 안내, 본 강의, 휴식 시간, 마무리 전 질의응답, 실습 소감 및 결과 공유, 마무리의 시간으로 계획하고 있다. 물론 강의의 성격에 따라 달라질 수 있다. 중요한 것은 강사에게 주어진 시간 동안 전체적인 흐름을 매끄럽게 하기 위함이고, 이 과정을 통해 강사의 전문성과 유연함을 돋보일 수 있기 때문에 반드시 계획하는 과정이 필요하다.

서론, 본론, 결론으로 자연스럽게 이어지는 강의 구조를 마련하며, 전환 시 필요한 시간과 휴식 시간도 함께 계획한다.

3) 시각적 구성 요소 정리

각 파트에 사용할 시각 자료, 예시 이미지, 차트, 동영상 등의 자료를 미리 선정하고, 강의 흐름에 맞게 배치한다. 예를 들어 강사 소개를 할 때는 너무 늘어지지 않도록 주요 경력과 저서 등을 소개하는 원페이지 형식으로 만들고 소개하는 말과 해당 텍스트나 이미지 등이 함께 등장할 수 있도록 애니메이션 등을 세팅한다. 아이스브레이킹을 할 때는 학습자가 가벼운 마음으로 모니터를 볼 수 있도록 분위기를 연출한다. 그 외 강의의 본 내용에는 나만의 강의 분위기를 담고, 그 안에 가독성과 디자인적인 부분까지 감안하여 필요시에 적절한 시각화 도구를 사용한다. 시각 자료의 활용 위치와 방법을 구체적으로 기획하여, 학습자의 이해와 집중을 극대화하는 것이 수업에 큰 도움이 된다는 사실을 기억하자.

4) 전환 및 연결 구간 계획

각 파트에서 파트로 넘어갈 때 자연스러운 전환을 위한 대화 내용이나 질문, 사례 등을 미리 준비하는 것이 도움이 된다. 너무 딱딱하게 다음 순서로 넘어가는 것보다는 각 파트별 연결고리를 언급하며 강의의 흐름을 따라가기 쉽게 활용하는 것이 좋다.

✎ ■ 2. 스토리보드 작성 도구 및 활용법

파워포인트, 구글 슬라이드, 노션, 캔바 등 다양한 도구를 사용해 스토리보드를 작성할 수 있다. 이러한 도구들은 수정과 협업에 유리하므로, 강의 담당자나 동료와 함께 검토 및 수정 작업을 원활하게 진행할 수 있다. 디지털 도구 외에도 초안 작성 단계에서 종이와 펜을 이용해 자유롭게 아이디어를 정리하고, 시각적 구성을 구상할 수 있다. 이후 디지털 도구로 전환하여 세부 내용을 보완하는 방식으로 활용하면 좋다.

✎ ■ 3. 스토리보드 작성의 기대 효과

1) 명확한 강의 흐름 확보

강의의 시작부터 끝까지 체계적인 흐름을 미리 확인하고 수정할 수 있어, 실제 강의 진행 시 불필요한 시간 낭비나 혼란을 줄이고, 돌발 상황에도 보다 유연하게 대처할 수 있다. 간혹 너무 긴장한 나머지 강의 중 실수를 하는 경우도 심심치 않게 볼 수 있다. 이런 부분에 있어서도 미리 스토리보드를 준비한다면 중간중간 체크를 하며 꼼꼼하게 강의 내용을 누락 없이 전달할 수 있다.

2) 문제 상황 대비

스토리보드를 기반으로 강의 전 리허설을 진행하면, 예상치 못한 상황이나 시간 배분 문제를 사전에 발견하고 보완할 수 있다. 아무리 매번 하는 자신 있는 강의라 하더라도, 전체 흐름에 대하 리허설은 필수이다. 강의장에 미리 도착해 전체 환경을 점검하고 수업을 시작하기 전 세팅을 완료 후, 스토리보드를 훑어보며 전체 내용을 브리핑해본다. 이처럼 스토리보드를 활용한 강의 설계는 강의 내용을 명확하게 정리하고, 자연스러운 흐름을 만들어 학습자들의 집중력과 이해도를 높이는 데 매우 큰 도움을 줄 것이다. 강의의 전반적인 완성도를 높이고, 실제 강의 진행 시 자신감 있게 임할 수 있도록 스토리보드를 작성하는 습관을 들이는 것을 추천한다.

강의보드

강의 주제 : AI 기획 및 디자인
강의 일시 : 00년 00월 00일
00시 - 00시
수강자 정보 : 00 교육청 직원
비고 사항 : AI활용 수준 기초
디자인 수준 기초

강의 전체 개요

① 초반 10-15분	② 강의 본 내용	③ 평가 및 마무리
강의 전 영상 준비 강사 소개 (2분) 아이스브레이킹 (5분) 준비물 : 쿠키, 커피, 젤리 등	AI 활용 사례 프롬프트 입력 방법	학습자 사례 발표
	AI 입력 실습 프레젠테이션 기획하기	작성 프레젠테이션 피드백
	디지털 플랫폼 활용 실습 캔바로 프레젠테이션 디자인	활용하면 좋은 사이트 안내 이미지 및 링크 첨부
AI 관련 뉴스 함께 보기 (2분)	실습 과제 패들렛으로 제출	마무리 인사 및 정리

주제별로 나누고 이해하기 쉽게 정리하라

각 파트를 사전에 구성하고 기획하기

■ 1. 주제별 구성의 중요성

학습자에게 전하고자 하는 내용을 잘 전달할 수 있도록 기획을 하는 단계가 가장 중요하다. 이것이 가장 효과적 강의를 운영할 수 있는 기본기이다. 방대한 내용을 구체적이고 체계적으로 분할하여, 학습자가 쉽게 이해할 수 있도록 구성하여야 한다. 강의 주제에 따른 큰 주요 주제를 다시 계획하고, 그 내용을 세부 순서별로 나누면, 각 파트에서 전달해야 할 핵심 메시지를 명확히 할 수 있으며, 복잡한 내용을 단계별로 설명하는 데 도움을 준다.

✎ ■ 주제별 구성 방법 및 전략

1) 주요 주제 도출 및 분류

강의의 전체 주제에서 핵심이 되는 내용이 무엇인지 계획하고, 강의 시간 안에서 충분히 경험할 수 있도록 단계별 세부 주제로 나누는 과정이 필요하다. 긴 시간을 집중하기는 어려울 수 있으므로, 각 주제 안에서 하나의 소목표를 정해 그것을 성취하는 것으로 목적을 두는 것이 좋다. 각 주제는 가장 주요한 강의 목표와 관련되어 있어야 하며, 학습자의 기존 지식수준 및 활용 방향 등을 고려하여 계획하는 것이 필요하다.

2) 세부 항목 및 목차 작성

각 주제에 대해 목차를 작성하여, 전달해야 할 핵심 포인트와 내용을 정리한다. 머릿속으로만 정리하는 것은 한계가 있다. 강의 기획 노트를 별도로 마련하여 내가 하고 있는, 앞으로 하게 될 모든 강의를 기록해 나가는 것을 추천한다. 주제별로 도입, 본론, 결론, 방향 및 활용 등의 구조를 명확히 하여, 학습자가 단계별로 내용을 따라가기 쉽게 만든다.

✎ ■ 내용의 이해 향상을 위한 보조 자료 마련

어떻게 강의 내용을 전달할 것인가? 내용에 대해 이해할 수 있도록 할 수 있는 다양한 보조 자료를 마련해 보는 것이 좋다.

강의 주제가 어떤 것이냐에 따라 필요한 자료의 형태와 형식은 달라질 수 있다. 하지만 텍스트와 구두로만 전달하는 것과는 달리 보조 자료가 있다면 학습자들은 복잡한 내용을 쉽게 이해하는 데 도움을 받게 될 것이라는 사실은 항상 기억하기를 바란다. 각 주제에 대한 개념에 대해서는 아이콘이나 기호 등을 사용하고, 사례는 뉴스 기사를 인용한다거나, 통계자료 및 비율 등에 대한 내용은 그래픽이나 도표 등을 추가해 보는 것을 시도해보자. 또한 이렇게 보조자료를 활용하여 설명하거나 전달을 할 때는 추가 예시나 비유를 통해 상세하게 풀어 설명하여 이해도를 높인다.

■ 연결성과 흐름 유지

주제별로 나눈 후에도 전체 강의의 흐름이 끊기지 않도록, 전환 시 간단히 내용을 요약하거나 상기할 수 있는 질문을 활용해 학습자들이 앞서 배운 내용을 자연스럽게 이어받을 수 있도록 하는 것이 좋다. 특히 이런 방법은 강사에게도 학습자들이 어느 정도 강의를 따라오고 이해하고 있는지 판단하고 이후의 강의 속도 및 수준을 조절하는 데에도 도움이 된다.

6

시각 자료의 활용

눈으로 보고 기억하는 학습 효과를 활용하기

■ 시각 자료의 역할과 중요성

시각 자료는 강의 내용을 효과적으로 전달하는 데 핵심적인 도구이다. 글이나 말로만 전달할 때보다 이미지를 통해 정보를 제공하면, 학습자의 이해력과 기억력이 향상된다. 강사는 학습자에게 강의 내용을 전달하기 위해 시각 자료를 제작하는 과정에 충분한 시간을 소요하는 것이 필요하다.

내용에 대한 이해와 전달을 위한 도표나 이미지, 인포그래픽 등의 시각 자료 등을 활용하여 복잡한 정보를 한눈에 파악하게 도와준다.

또한 시각적 요소는 강의에 생동감을 부여하고, 학습자의 주의를 집중시키는 데 효과적이므로 적절한 애니메이션과 오디오의 활용은 필수적이다.

■ 다양한 시각 자료 활용 방법

1) 이미지와 인포그래픽 활용

- **핵심 메시지 강조** : 중요한 개념이나 데이터를 이미지와 인포 그래픽으로 시각화하여 학습자들이 쉽게 이해할 수 있도록 한다. 내용에 대해 일일이 텍스트로 넣어 설명하는 것보다 주요한 부분을 짚어서 이미지 등을 활용하고 강사가 말로서 이를 보충 설명하는 것이 전달에 도움이 된다.
- **비교와 대조** : 복잡한 정보를 간결하게 표현하기 위해 비교 차트나 다이어그램을 활용하게 되면 보다 명확하게 내용을 이해할 수 있다. 학습자들이 강사가 제공하는 정보의 개념을 이해하고 차이점을 명확하게 인식하도록 돕는다.
- **차트와 그래프 제작** : 필요시에는 엑셀이나 구글 스프레드시트 등의 도구를 사용해 수집한 데이터를 차트나 그래프로 시각화하는 것도 도움이 된다. 복잡한 수치나 내용에 대해 차트와 그래프 등으로 학습자들이 통계와 경향을 쉽게 이해할 수 있다. 시각화하여 표현하기 위한 차트나 그래픽 등은 주제와 내용에 따라 적절하게 표현할 수 있는 형식이 다르다. 특히 변화와 추세를 분석하는 내용에 대해서는 시간에 따른 변화나 추세를 한눈에 보여주는 라인 그래프, 막대 그래프 등을 활용해 내용의 흐름과 비교 분석을 돕는

다.

- **동영상 및 애니메이션 자료** : 실제 사례와 트렌드 등을 전달할 때에는 동영상이나 애니메이션 자료 등이 효과적이다. 동영상은 강의의 복잡한 개념이나 실제 사례를 생생하게 전달하는 도구로 활용할 수 있다. 또한 하나의 슬라이드 안에서도 애니메이션을 통해 어려운 개념을 단계별로 시각적으로 표현하면, 학습자들의 이해도가 높아진다.

2) 슬라이드 디자인과 레이아웃

강의의 내용을 전달하는 기본적인 도구인 슬라이드는 디자인과 레이아웃이 상당히 중요한 부분을 차지한다. 강의 전체의 슬라이드는 일정한 디자인 템플릿을 유지하여 학습자들이 자료를 일관성 있게 인식하도록 한다. 이때 각 슬라이드에서 중요한 내용은 색상이나 폰트 크기, 위치 등을 통해 강조하고, 시각적 흐름에 따라 자연스럽게 이해되도록 구성한다.

■ 시각 자료 준비와 적용 전략

- **도구 선택과 활용법** : 캔바, 파워포인트, 구글 슬라이드 등 사용하기 쉬운 디자인 도구를 활용해 자료를 제작한다.

실제 요즘 캔바, 미리캔버스, 망고보드 등 다양한 디자인플랫폼이 상용화되어 있고, 상당히 다양한 주제와 테마의 디자인을 제공하고 있어 기존 템플릿을 활용해 강의 퀄리티를 높일 수 있다.

✏️ ■ 실제 강의 적용과 피드백

강의 전 리허설이나 피드백 과정을 통해 시각 자료의 효과를 점검하고, 학습자 예상 반응을 반영해 수정 보완하는 과정이 필요하다.

또한 강의 중 실시간으로 학습자의 이해도를 확인하며, 시각 자료의 속도나 설명을 조절해 최적의 전달 효과를 유지하는 태도가 필요하다. 강의를 하는 사람의 기준에 맞추기보다는 학습자의 반응을 고려하여 유연하게 조절하는 것이 중요하다. 학습자가 슬라이드의 내용을 충분히 보고 이해하였는지 파악한 후, 다음 슬라이드로 넘어가도록 한다.

시각 자료를 적극 활용하면 강의의 내용이 단순히 머리로 이해되는 것을 넘어서, 눈으로 보고 기억할 수 있는 형태로 변환된다. 이는 학습자의 흥미와 참여도를 높이며, 전체적인 강의 효과를 극대화하는 데 기여한다.

7

타임 테이블

강의 시간을 효율적으로 관리하기

■ 1. 시간 관리의 중요성

효과적인 강의 진행을 위해 시간 관리는 매우 중요하다. 앞서 이야기한 것과 같이 의뢰한 강의 시간을 꼬박 채워서 하는 강의도 있지만 그렇지 않은 경우도 생각보다 많다. 체계적인 타임 테이블을 정해 강의 초반에 전달하는 습관을 가져 보기를 바란다. 예를 들면 50분 강의에 10분 쉬는 시간, 혹은 45분 강의 및 15분의 쉬는 시간 등 강의와 휴식 시간 등을 정해 각 항목에 적절한 시간을 할당할 수 있으며, 학습자와 강사 모두 강의 흐름을 명확하게 파악할 수 있다. 오히려 쉬는 시간을 넉넉하게 제공하여 실습형의 강의에는 수업 중 질문하지 못했던 부분이나 추가적인 궁금증 등을 해소할 수 있다. 미리 계획한 시간 계획을 통해 불필요한 지연을 방지하고, 계획된 내용을 효과적으로 전달할 수 있다.

✐ ■ 2. 타임 테이블 수립 전략

1) 전체 강의 시간 분배

강의 시작부터 종료까지의 전체 시간을 파악한 후, 각 세션(도입, 본론, 결론 등)과 활동(설명, 토론, 실습, 휴식 등)에 할당할 시간을 미리 계획한다.

각 파트별 예상 소요 시간을 구체적으로 계획하여, 중요한 주제나 실습에 더 많은 시간을 배정한다. 내가 하는 강의의 경우 보통 실습 형태의 강의가 대부분이기 때문에 학습자의 수준 및 속도 등에 따라 시간을 분배하는 것이 필요하다. 이러한 경우에는 사전에 담당자와 충분히 상의하여 실습의 시간을 계획하고, 실제 현장에서 반응에 따라 조절하는 태도가 요구된다.

2) 세부 일정 및 활동 구체화

- **세션별 활동 계획** : 강의의 각 세션에 포함될 활동(예: 강의, 질의응답, 그룹 토론 등)을 구체적으로 정리하고, 각 부분에 대한 시작과 진행, 마무리의 과정을 구체적으로 계획한다. 시간에 쫓겨 성급히 마무리하는 태도는 학습자의 불만을 야기할 수 있다는 점을 기억하자. 강의 중 발생할 수 있는 돌발 상황을 고려하여 약간의 여유 시간을 확보하고, 필요시 일

정 조정을 위한 대체 계획을 마련한다. 예를 들면, 계획보다 강의가 빠르게 진행될 경우, 추가 내용에 대해서도 준비하여 남은 시간을 효과적으로 사용하거나 계획보다 강의 진도가 느릴 경우, 부족한 부분을 보완할 수 있는 보조자료 등의 준비 등이 있을 수 있다.

3) 체크리스트 및 모니터링 도구 활용

강의 진행 중 정해진 타임 테이블에 따라 진행 상황을 점검할수 있도록 체크하는 것이 중요한데, 나의 경우 핸드폰으로 시계 화면을 세팅하고 중간중간 확인을 하고 있다. 강의 중 실습을 하는 경우, 타이머와 알람을 사용하여 계획한 시간 동안 이루어질수 있도록 하고, 시간이 모자라면 뒤의 시간이나 휴식 시간을 조절하는 등의 대안을 마련하는 데 도움을 줄 수 있다. 강의 시간을 효과적으로 관리하고, 강의 진행 상황을 시각적으로 확인하며 운영하는 것이 좋다.

미리 계획한 타임 테이블에 따라 강의를 진행하면, 각 세션 간 전환이 원활해지고 강의 전체의 일관성이 유지된다. 또한 강의의 중요한 내용을 놓치지 않고 전달할 수 있으며, 학습자들도 핵심 포인트에 집중할 수 있다. 이 부분은 특히 강의를 처음 시작하는 강사들에게 중요한 요소임을 기억해야 한다.

체계적인 시간 관리가 습관화되면 강의 진행 중 불필요한 혼란이나 시간 부족으로 인한 부담을 줄일 수 있어, 강사와 학습자 모두 편안한 분위기에서 학습할 수 있다. 강의의 원활한 진행과 효과적인 시간 활용을 위한 필수 도구로 생각하고 사전에 체계적으로 계획하고 실시간으로 모니터링하는 것을 기억하고 적용하자.

강의 당일 체크리스트 ☑

● 1. 강의 전 준비 (도착 전 ~ 시작 직전)
강의 자료(슬라이드, 핸드아웃 등) 최종 확인
장비 준비 (노트북, 충전기, 포인터, USB 등)
복장 점검 (단정하고 편안한 복장 착용)
강의 장소 위치/시간 재확인 및 여유 있게 도착
현장 기술 점검 (빔프로젝터, 음향, 조명 등)
자료 배포 여부 확인 (온라인 링크 또는 프린트물)
물 한 병 챙기기 (목 관리!)

● 2. 강의 진행 중
시간 확인하며 진행 (타이머 설정 권장)
참가자와 아이컨택 및 반응 체크
질문 유도 및 소통의 여지 만들기
예시나 활동이 계획대로 진행되는지 확인
예상 질문/돌발 상황에 유연하게 대처
마무리 멘트 전 체크: 정리 슬라이드, 요약

● 3. 강의 마무리 후
Q&A 시간 운영 또는 피드백 수집
설문조사나 후속 자료 안내 (있을 경우)
자료 및 장비 정리
주최 측 인사 및 감사 인사 전하기
수강자/참가자 반응 메모 (다음 강의 참고용)

본인 피드백: 잘된 점 & 보완할 점 기록하기
SNS나 블로그에 후기 정리

8

리허설

실제 강의를 진행하듯 연습하기

■ 리허설의 중요성 및 목적

　강의를 제안받았다면, 실제 강의 상황을 미리 재현해 보는 리허설은 강의의 완성도를 높이는 것을 우선적으로 해야 한다. 현장에서 잘할 수 있다는 자신감을 부여할 뿐만 아니라 본인이 강의를 하는 태도와 표정, 화법 등에 대해서도 객관적으로 점검할 수 있다. 강의 내용을 실제로 진행하며, 강의 내용의 전달뿐만 아니라 시간 체크, 전환하는 과정의 자연스러움, 예상 질문에 대한 답변 등을 점검하는 것을 목표로 한다. 반복적인 연습을 통해 강사의 자신감이 향상되며, 긴장 완화에도 큰 도움이 될 것이다. 리허설 과정에서 발생하는 문제점을 미리 확인하고 보완하는 것은 실제 강의 시 예상치 못한 돌발 상황에 효과적으로 대처하는 데에도 도움을 줄 수 있다.

✒ ■ 리허설 준비 및 진행 방법

1) 전체 강의 흐름 점검
강의 계획서와 타임 테이블을 기반으로 실제 강의 진행 순서를 재현해 본다. 이 과정에서 각 세션별로 필요한 자료, 시각 자료, 소품 등이 모두 준비되어 있는지 확인하고 적시에 적절하게 사용하는 과정도 연습한다.

2) 실제 환경 모방
강의실, 온라인 플랫폼(예: Zoom, Teams) 등 실제 사용할 환경에서 리허설을 진행하여, 장비와 인터페이스의 문제점을 사전에 파악한다. 특히 디지털 도구를 다루는 강의의 경우 변화가 빠르기 때문에 강의를 준비하고 나서도 한 번 더 체크하는 습관이 필요하다. 오디오, 모니터 해상도, 화면 공유 및 기타 자료의 활용 등의 기술적 요소도 함께 점검한다. 특히 비대면 강의를 진행할 때에 화면 공유가 되지 않은 채 강의를 진행하거나 동영상을 재생하는 데 오디오가 들리지 않는 경우가 발생할 수 있으므로 이 과정을 필수적으로 체크하길 바란다.

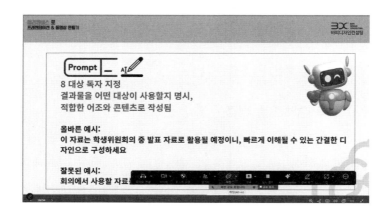

3) 피드백 수집 및 분석

리허설 후 동료 강사나 관계자로부터 피드백을 받아, 강의 진행 방식, 내용 전달, 시간 배분 등에 대한 개선점을 파악해 본다. 녹화된 리허설 영상을 검토해, 자신이 놓친 부분이나 개선할 수 있는 점을 객관적으로 평가하고 반영하게 되면 강의의 내용뿐만 아니라 강의 전반적인 운영과정이 점차 탄탄해짐을 느끼게 될 것이다.

4) 예상 질문 및 대처 전략 마련

예상 질문이나 학습자의 반응을 미리 시뮬레이션하여, 질문에 대한 적절한 답변과 대처 방안을 마련하는 것도 도움이 된다. 실제 현장에서 강의를 진행하다 보면 예상치 못한 질문이나 추가 건의 사항 등이 발생하기도 하고 비대면의 경우에도 시스템에 따라 강사의 전달 내용을 따라가지 못하는 경우도 있을 수 있다. 강사에게 즉각적이고 효과적인 피드백 제공은 강사의 역량으로 판단될 수 있는 중요한 요소이므로 반드시 체크해 보도록 한다.

리허설을 통해 강의 전반의 흐름과 구성 요소를 최종 점검하게 되면 리허설을 하지 않은 강의와는 상당한 차이를 가지게 된다. 사전 연습을 통해 발견된 문제점을 미리 보완하고, 돌발 상황에 대한 대응 전략을 마련하여 불확실성을 줄이는 것은 강사에게 안정감과 자신감을 주며, 전문적인 강의 진행 능력을 강화시킬 것이다.

이처럼 리허설은 강의 준비 과정에서 반드시 거쳐야 할 단계로, 실제 강의를 진행하듯 연습하며 모든 세부 사항을 점검하고 개선할 수 있는 기회를 제공한다. 이를 통해 강의 당일에는 원활하고 자신감 있는 진행이 가능해지며, 학습자들에게 최상의 학습 경험을 제공할 수 있다.

9

초기 피드백, 강의의 점검

담당자의 의견을 받아 강의를 다듬기

↗ ■ 초기 피드백의 중요성

초기 피드백은 강의의 완성도를 높이는데 중요한 과정이다. 보통 대부분의 경우, 강의 교안을 요청하게 되는데, 강의 계획서와 함께 교안을 담당자와 공유하여 의뢰하는 측의 관점을 반영하고 의견을 수렴하면, 미처 발견하지 못한 문제점이나 보완해야 할 부분을 쉽게 파악할 수 있다. 사실 강사는 항상 전달하는 입장이기에 수용을 하는 입장에서의 관점을 놓칠 수 있다. 담당자의 경우, 학습자 집단에 대한 충분한 정보를 가지고 있고, 누구보다 강의의 목표와 학습자의 수준에 대해 이해하고 있기 때문에 교안의 내용이나 흐름에 대해 파악하고 적절한 피드백을 줄 수 있다. 이를 통해 강의 내용과 전달 방식을 최종적으로 다듣어, 학습자에게 보다 효과적으로 메시지를 전달할 수 있다.

■ 초기 피드백 수집 과정

1) 강의 초안 공유

- **담당자와 협의** : 강의를 기획하고 준비하는 과정에서 담당자와의 소통은 매우 중요하다. 담당자가 먼저 연락하지 않더라도 기획 단계에서 일정을 확인하고, 피드백 등을 요청하는 것은 강사로서의 체계적인 준비성과 강의에 대한 열정과 전문성을 어필하는 데에도 도움이 된다. 준비한 강의 자료와 스토리보드, 타임 테이블 등 모든 요소를 포함한 강의 초안을 담당자와 공유하고 피드백을 요청한다. 이는 유선으로 간단히 통화를 하고 확인을 하는 것보다 효과적인 결과를 가지고 올 수 있다.

2) 문서 및 자료 제출

강의 계획서, 강의 교안 및 관련 준비 자료(강사 섭외 시 필요한 이력서와 포트폴리오, 강사 채용 관련 서류 등)을 이메일이나 공유 플랫폼을 통해 전달하여, 담당자가 쉽게 검토할 수 있도록 한다.

3) 구체적 피드백 요청

강의에 모든 부분을 질문하라는 것이 아니다. 강의 담당자에게 강의 교안을 전달하며 계획서 안의 각 세션의 목표, 시간 배분, 시각 자료 등을 검토해주기를 당부하고, 필요시 구체적인 부분에 대해 담당자에게 질문하여, 명확한 피드백을 받을 수 있도록 하는 것을 의미한다. 미리 준비된 피드백 질문을 준비하여 메일 등에 함께 기재를 한다면 담당자가 쉽게 의견을 정리하고 전달할 수 있을 것이다.

4) 피드백 회의 진행

간혹 대기업 혹은 큰 규모의 강의의 경우, 사전에 미팅을 요청하는 경우가 많다. 보다 성공적인 강의 운영을 위해 온라인 또는 오프라인 미팅을 하게 되는데, 이 과정에서는 피드백 받은 내용을 바탕으로 담당자와 회의를 진행하고, 필요한 경우 추가 설명이나 사례 공유를 통해 의뢰하는 쪽의 의견을 상세히 파악하고 반영하고 있음을 전달한다.

5) 문제점과 개선 사항 도출

물론 정답은 없다. 하지만 강의를 의뢰하는 입장에서 제시하는 방향과 목표를 소화해 내는 것은 강사의 몫이므로 피드백에서 지적된 문제점을 우선순위에 따라 정리하고, 각 항목별로 구체적인 개선 방안을 마련하여 반영하는 것이 중요하다.

수정이 필요한 부분은 스토리보드, 교안 등 전반적인 강의 자료에 즉시 반영하는 것이 필요하다. 이 과정에서 실수를 하게 되면 강의 현장에서 당황할 수 있으니 주의하도록 한다.

6) 재검토 및 보완 작업

피드백 반영 후, 수정된 자료를 다시 한번 담당자에게 전달하고 최종 확인을 하도록 한다. 이때 교안의 파일명 등은 명확하게 저장하는 것이 중요하다. 사소한 실수로 강의 현장에서 수정 전 자료를 지참하거나 전달에 누락이 되는 등의 상황이 발생할 수 있다.

초기 피드백을 하고 보완해나가는 과정을 통해 강의의 구성과 내용이 정리된다. 이때에는 담당자의 의견뿐 아니라 동료 강사의 다양한 의견 등을 반영함으로써, 강의 내용의 정확성과 전달력이 높이는 방법을 강구하는 것이 도움이 될 것이다. 사전에 피드백을 통해 문제점을 파악하고 수정하면, 실제 강의 중 발생할 수 있는 오류나 실수를 줄일 수 있고 강사 스스로 강의에 대한 자신감을 가지게 되어, 전달력과 전문성을 더욱 높일 수 있다.

10

강의 전 준비

학습자의 분위기, 기관의 성격을 고려해 준비하기

↗ ■ 강의 전 준비의 중요성

강의 전 최종 준비는 강의 당일의 분위기를 좌우하는 핵심 단계이다. 학습자의 기대와 기관의 특성을 반영하여 모든 준비 사항을 점검하면, 강의 진행 중 예상치 못한 변수들에 대해 유연하게 대응하고 보다 원활한 진행을 보장할 수 있을 것이다.

↗ ■ 준비 사항 점검 전략

1) 학습자 및 기관 특성 분석

간혹 담당자와 충분히 소통하고 점검하여 준비를 하였음에도 실제 현장의 분위기가 예상과 다른 경우도 있을 수 있다. 미리 점검한 데이터를 토대로 당황하지 않는 것이 중요하다. 학습자와 간단히 대화를 나누거나 담당자와의 강의 전 상의를 하는 등 강의 중 어떤 분위기가 조성될지 예측하고 준비하는 것이 좋다. 현장에서 담당자가 시간적 여유가 없어 강의에 대한 추가 정보를 주기 어려운 경우도 있으니, 이 부분에 대해서는 감안할 필요가 있겠다. 나의 경우에는 강의가 진행될 기관에 대한 강의 정보를 블로그 포스팅 등으로 (타 강사의 강의 후기 등) 분위기를 파악하여 대략적으로 확인한 후, 강의 진행 방식 및 내용에 반영하는 편이다. 이때에는 기존 강의의 분위기를 카피하는 것이 아니라 기관의 성격에 맞추어 강사만의 분위기를 잘 녹여내는 것이 중요하다.

2) 현장 환경 점검

강의 시작 전, 충분한 시간을 두고 미리 도착하는 것이 필요하다. 교통 상황 등을 고려하여 여유 있게 도착해야 할 수 있도록 준비하자. 너무 촉박하게 도착하게 되면 강사 스스로도 당황하고 긴장도가 높아져 준비한 것을 모두 전달하지 못한 채 성급히 마무리하게 될 수 있다.

- 강의실 및 온라인 플랫폼 점검 : 강의실의 좌석 배치, 음향, 조명, 인터넷 연결 등 물리적 요소를 미리 확인하고, 온라인 강의의 경우 플랫폼 사용법 및 안정성 점검을 실시한다. 특히 온라인 강의의 경우, 강의 도중 발생할 수 있는 학습

자 입장에서의 오류나 문제 사항 등을 미리 파악하고 답변을 준비하는 것이 매우 중요하다.

현장 강의의 경우, 강의 전에 담당자와 상의하여 확인하겠지만 현장에 도착해 다시 한번 점검할 필요가 있다. 강의 중 담당자가 보조 지원을 하는 경우도 있지만 그렇지 않은 경우도 많기에 사용할 프로젝터의 사용법, 스크린, 컴퓨터, 마이크 등 모든 장비의 정상 작동 여부와 시각 자료, 강의 슬라이드 등의 준비 상태를 꼼꼼히 점검한다. 나의 경우에는 개인 PC를 항상 지참하고, 만일의 상황에 대비해 공유 플랫폼 등에 강의 자료 및 교안 등을 미리 저장하여 강의에 참석하는 편이다.

3) 현장 분위기 조성 준비

- **오프닝 준비** : 강의 시작 전 학습자의 긴장을 풀고 긍정적인 분위기를 형성할 수 있는 오프닝 멘트, 간단한 아이스브레이킹 활동 등을 계획한다. 이때 학습자의 연령과 관심사, 강의 주제와 연결된 내용으로 계획하고 슬라이드를 활용해 보다 집중도를 높이는 것이 효과적이다.

또한 강사의 태도는 첫 3분 안에 좌우된다. 자리에 착석한 후, 딱딱한 분위기에서 시작하는 것이 아니라 학습자와 간단한 대화를 나누며 친근함을 전하고, 편안하게 강의에 참여할 수 있도록 인사를 나눈다. 강의가 시작되면 정해진 순서에 따라 강사 소개를 하고 정식적으로 인사를 한 후, 강의 진행 일정, 주요 주제, 질의응답 방법 등을 안내하도록 한다.

4) 비상 상황 대비 계획

생각보다 다양한 상황이 발생하기도 한다. 강의 진행 중 발생할 수 있는 기술적 문제, 일정 지연, 학습자 반응 등 돌발 상황에 대비한 대응 계획을 마련한다. 이때 담당자의 연락처는 필수적으로 확인을 하는 것이 필요하다.

강의 시간 안에 정해진 내용을 모두 못 다루는 경우 추가 보조 영상을 녹화하여 제공한다거나, 교안을 별도로 제공하는 등 대안을 준비하여 유연하게 대처할 수 있도록 한다.

사전에 모든 환경과 준비 사항을 철저히 점검함으로써, 강의 당일 불필요한 혼란이나 장애를 최소화할 수 있다. 또한 학습자의 특성과 강의 의뢰를 한 기관의 성격을 고려하여 맞춤형으로 준비한 강의는 그 어떤 강의보다 만족도가 높을 것이다. 어디서든 들을 수 있는 뻔한 강의가 아닌, 학습자에게 직접적으로 도움이 될 만한 주제와 요소를 다루는 강의가 중요하다. 이로써 학습자는 강의에 대해 관심을 보이고 적극적으로 참여하며, 긍정적인 학습 경험을 느낄 수 있을 것이다. 이러한 과정을 거쳐 철저하게 준비하더라도 실수는 할 수 있다. 하지만 이러한 준비 과정이 지속적으로 쌓이게 되면 강사의 자신감과 전문성을 높여주는데 가장 큰 역할을 하게 될 것이다. 긴장하거나, 말실수를 하는 등의 가벼운 문제들도 반복되면 강사의 능력에 영향을 미치게 된다. 준비 과정에 최선을 다하여 강의 중 자연스러운 진행과 효과적인 소통을 가능할 수 있도록 하자.

Chapter.2

강의 기획과
현장 운영

1

첫 5분, 청중의 마음을 잡아라

시작을 할 때 분위기를 사로잡기, 강사만의
브랜딩

↗ ■ 첫인상의 결정적 역할

강의의 첫 5분은 학습자와의 첫 만남으로, 강의 전체의 분위기와 학습자의 집중도를 결정짓는 매우 중요한 순간이라고 생각한다. 실제 이 5분의 분위기가 전체 강의의 분위기를 좌우하기도 한다. 짧지만 강력한 효과를 가지고 있는 초반의 이 시간 동안 강사는 자신의 전문성과 개성, 그리고 강의에 대한 진심을 효과적으로 드러내어 학습자들에게 신뢰를 심어주는 것이 중요하다.

첫 몇 분 안에 강의 주제의 핵심과 흥미로운 사례를 통해 학습자들의 주의를 사로잡는다. "이 강의를 들으면 이만큼 할 수 있다.", "○○○를 원하는 당신에게 꼭 필요한 1가지" 등 학습자가 관심을 가질 만한 주제를 던져 자연스럽게 관심을 유도한다.

강사에 대한 소개 역시 중요한데, 나는 본인에 대한 소개 시간을 길게 잡지 않는다. 사실 학습자가 강사에 대한 모든 이력과 경력을 궁금해하지는 않는다는 사실을 알고 있기 때문이다. 강사를 소개하는 시간 동안 전문 지식, 경험 등을 전달하는 것도 중요하지만, 그 부분에 대해서는 정말 주요 내용만을 요약해 전달하고 강사만의 분위기를 자연스럽게 보여줘 학습자들이 이후 강의에 대한 기대감을 갖게 하는 것이 중요하다고 생각한다.

■ 효과적인 오프닝 구성 요소

1) 매력적인 스토리텔링
강사의 경험담이나, 학습자의 사례 등 강의 주제와 관련된 이야기를 하면서 자연스럽게 강의를 시작한다. 이 과정만으로도 충분히 학습자들은 강의 내용에 관심을 가지고 몰입할 수 있다. 또한 현재 학습자들이 직면한 문제나 상황을 언급하며, 이 강의를 통해 그 문제를 해결할 수 있음을 전달함으로써 강의에 대한 기대감을 가질 수 있도록 하는 것이 중요하다.

2) 명확한 강의 목표와 기대 효과 제시
바로 강의를 시작하는 것보다 초반에 강의의 주제, 목적, 진행 방식, 그리고 학습자가 강의 후 얻게 될 효과 등을 간략하지만 분명하게 설명하는 것이 도움이 된다. 앞서 이야기했지만, 오늘 강의를 통해 보다 쉽고 효율적으로 주어진 과제를 수행할 수 있고, 실력을 향상시킬 수 있다고 전달하는 것을 의미한다.

3) 강사의 자신감과 열정 표현

강의를 할 때 강사의 태도는 분위기를 좌우한다. 학습자의 요구 사항이나 컴플레인 등에도 당황하지 않고 대처할 수 있도록 충분히 준비한 후, 강의를 시작하면 자연스럽게 자신감 있는 태도를 보일 수 있다. 강의 시작 시 자신감 넘치는 음성, 안정된 제스처, 그리고 눈 맞춤을 통해 학습자들에게 신뢰감을 주도록 하자. 나의 경우, 특정 발음 등에서 부정확한 면이 있거나, 호흡이나 전달 태도 등에 어려움이 있었는데, 스피치 강의 등을 들었던 경험이 도움이 되었다. 그리고 항상 긍정적인 언어 사용을 기본으로 하는 것이 중요하다. 강사의 열정적인 자세와 함께 긍정적인 언어 사용은 학습자들에게 에너지를 불어넣고, 할 수 있다는 자신감을 키워줄 수 있어 강의 전체에 활기를 불어넣는다.

■ 브랜딩을 통한 차별화 전략

1) 자신만의 강의 스타일 강조

강사로서의 고유한 표현 방식이나 유머, 사례 전달 방식을 통해 다른 강의와 차별화된 이미지를 구축하는 것이 좋다. 누군가를 따라 하는 것이 아니라, 나만의 강의 분위기를 만들어 브랜딩을 하는 것이다. 강의 전반에 걸쳐 일관된 톤과 스타일을 유지하여, 학습자들이 강사의 브랜드를 기억하도록 한다. 이는 추후 강의 추가 요청 등의 즉각적인 효과를 불러올 수 있다.

2) 비주얼 및 언어적 요소의 통일성

강의 자료(슬라이드, 동영상, 인포그래픽 등)에 강사만의 색깔을 입혀, 브랜드 이미지를 시각적으로도 강화하는 것이 필요하다. 사실 이 부분에 대해서는 강의 초반에는 크게 중요성을 느끼지 못했지만, 강사만의 브랜딩을 하는데, 주요 요소가 될 수 있음을 알고 현재 적극적으로 고민하고 반영하고 있다.

또한 오프닝 멘트부터 사용되는 언어, 톤, 그리고 제스처에 이르기까지 모든 요소가 자연스럽고 일관되도록 준비하고 자주 연습하여 나만의 것으로 만드는 것이 필요하다.

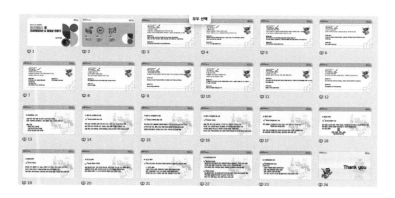

3) 오프닝 진행 시 고려사항

학습자 상황 파악을 파악하여 적절하게 사용하는 것이 필요하다. 나의 경우 초등학생부터 시니어까지 정말 다양한 연령층을 대상으로 강의를 하고 있다. 강의 전에 학습자 구성(연령, 직업군, 흥미도, 경험 수준 등)을 파악하고, 이에 맞는 사례와 언어를 선택하여 긍정적으로 매너 있는 톤을 유지하여 진행하는 것이 좋다.

또한 정말 다양한 부류의 사람들을 만나게 되는 것이 현장임을 감안하여 학습자의 반응을 주의 깊게 관찰하여, 오프닝 동안 즉각적으로 분위기를 파악할 수 있는 유연한 대응 전략을 마련하는 것이 좋겠다.

강의 첫 5분 동안 강사의 열정과 전문성이 확실히 드러나면, 학습자들은 이후 강의 내용에도 높은 관심과 기대감을 갖게 된다. 첫인상에서 학습자들의 호기심과 참여 의지를 자극함으로써 강사 역시 에너지를 받게 되고, 그것이 또 학습자에게 전달되어 긍정적인 순환이 이루어지게 된다. 강의 내내 적극적인 소통과 질문이 이어지며, 활기가 넘치는 강의 분위기 또한 보장할 수 있다. 이러한 강의일수록 학습 효과가 극대화된다는 사실을 기억하자. 일방향으로 떠드는 강의가 아닌, 양방이 소통하고 교감하는 강의를 추구하자. 학습자에게 긍정적이고 부드러운, 그리고 전문성을 겸비한 강사로 각인되는 것이 중요하다.

강사의 고유한 스타일과 일관된 메시지 전달은, 강의 후에도 학습자들에게 긍정적인 인상을 남겨 강사 브랜드의 신뢰도를 높인다. 강의 시작의 첫 5분은 단순히 강사를 소개하고 아이스브레이킹을 하며 시간을 채우는 것이 아니라, 강의 전체의 성공을 좌우하는 중요한 기회임을 알고 잘 운영하기를 바란다.

전환의 기술

파트의 전환 시 자연스럽게 연결될 수 있도록
문제 제기

■ 전환의 중요성 및 역할

앞서 이야기했지만 전체 강의를 개괄적으로 계획하고 세부 파트에 대해서도 개연성을 가지고 학습자가 몰입할 수 있도록 운영하는 것이 중요하다. 강의의 각 파트 사이를 매끄럽게 이어주는 전환은 전체 강의의 흐름과 일관성을 유지하는 데 중요한 역할을 한다. 이 과정이 강사의 강의력을 보여줄 수 있다고 해도 과언이 아니라 확신한다. 예를 들어, 디지털 도구의 활용에 대한 강의를 한다면 강의 초반에는 전체 UI에 대한 이해와 기본 메뉴를 활용한 기초 과정, 그다음 실습한 내용을 토대로 다음 단계로의 응용과 활용 등 강의 전체가 한 흐름으로 이어지게 하는 것이 중요하다. 전환은 학습자들이 이전 내용을 복습할 수 있는 기회가 되고, 새롭게 다루게 될 주제에 자연스럽게 집중할 수 있도록 돕는다.

각 소주제 사이의 연관성을 명확히 하여 학습자들이 전체 주제의 맥락을 이해할 수 있도록 한다. 강사의 의도가 고스란히 전해질 수 있도록 전환 시 적절한 문제 제기나 질문을 통해 학습자의 호기심을 자극하고, 다음 내용을 기대하게 만드는 것이 필요하다. 중간에 쉬는 시간이 있다면 다시 시작하는 시간에 이전의 강의 내용을 복기하여 집중도를 유지할 수 있도록 하는 것이 중요하다.

■ 효과적인 전환 전략

1) 요약 및 재확인

이전 파트에서 다룬 핵심 포인트를 간략하게 정리하고, 이를 통해 학습자들이 기억을 되살릴 수 있도록 돕는다. 나의 경우, 이전 강의 과정에서 함께 실습했던 내용이나 아이디어 등을 공유하며 강의 중간의 성과와 학습자의 태도와 분위기를 칭찬하는 편이다. 이를 통해 학습자들은 다시 한번 강의에 대한 동기 부여가 된다.

그 외에도 간단한 질문이나 퀴즈를 통해 학습자들이 이전 내용을 충분히 이해했는지 점검하고, 부족한 부분은 이후 강의에서 한 번 더 다루는 등의 방법도 좋다.

2) 연결 질문 제시

강의를 하다 보면 학습자들이 힘들어하거나, 지루해하는 등의 반응을 볼 수 있다. 이때는 당황하지 않고 약간의 여유를 가지고 대하는 것이 중요하다. 이전에 다루었던 내용에 대해 쉽고 재미있게 간단한 질문을 하는 등 자연스럽게 다음 주제에 대한 기대와 호기심을 유도한다.

3) 토론 등 학습자 간의 시간 제공

다양한 형태의 강의가 있겠지만 학습자 간의 친목이 강의 분위기에 큰 영향을 미친다는 것은 변하지 않는 사실인 듯하다. 개별로 질문할 때에는 혹시나 본인의 대답이 틀릴까 걱정스러운 마음에 주저하는 경우가 많지만, 소그룹으로 질문에 대해 간단한 토론이나 대화를 한 후, 대답하도록 하면 부담감이 줄어 훨씬 더 적극적인 태도를 보이는 것을 알 수 있다. 질문 후 잠시 학습자들에게 생각할 시간을 주거나 소규모 토론을 진행하여, 학습자들이 스스로 다음 내용을 예측하고 참여하도록 만든다.

4) 스토리텔링 활용

강의할 때 한 호흡으로 길게 운영하는 것은 강사에게도 학습자에게도 무리가 될 수 있다는 사실을 기억하자. 예를 들면 '50분의 강의 시 5분의 소개 및 아이스브레이킹의 시간 - 본 강의 - 5분의 마무리 및 복기'로 계획한다면, 본 강의인 40분을 내리 강의를 하는 것이 아니라, 20분 단위로 두 가지 주요 요소를 전달하는 식으로 강의에 대한 집중도를 유지하는 것이다. 이러한 맥락에서 전환은 정말 중요한 강의의 요소이다. 강의의 전체 맥락과 연관된 이야기를 덧붙임으로써, 각 파트가 하나의 큰 이야기로 이어지도록 만든다.

이때 강의 슬라이드나 관련된 내용의 영상, 차트 등을 활용해, 이전과 다음 주제 간의 연관성을 시각적으로 표현하는 것도 도움이 된다.

■ 전환 시 고려사항

전환 방식은 학습자의 이해도와 반응에 맞추어 조절되어야 한다. 너무 잦은 주제의 전환은 오히려 분위기를 산만하게 하고 학습자에게 부담이 될 수 있다. 학습자들이 충분히 이해하지 못한 상태라면, 전환 전에 추가 설명을 통해 보완하는 것이 필요하다. 전환을 하기 전 강의 중 어려움이 있었는지 한 번 더 체크를 하는 것도 도움이 된다. 학습자의 질문이나 반응에 따라, 전환 시점을 유연하게 조정할 수 있어야 한다.

전체 강의의 세부 주제를 잘 계획한 후, 현장에서 진행을 하며 각 파트가 자연스럽게 연결되어 강의 전체가 일관성 있게 진행되도록 하는 것이 중요하다. 이러한 강의 능력을 통해, 학습자들은 혼란 없이 내용을 따라갈 수 있을 것이다. 특히 문제 제기와 질문을 통한 상호작용은 학습자들의 적극적인 참여를 도모하며 강의의 몰입도가 높아지는 효과를 준다. 전환 시 요약과 연결 질문을 통해 학습자들이 이전 내용을 잘 이해하고 있는지, 어려움은 없는지 재확인하고, 이후의 강의를 연결해 나가도록 하자. 강의의 흐름을 매끄럽게 유지하면서 학습자의 참여와 이해를 극대화함으로써 강사와 학습자의 소통이 강화되고, 학습자들은 전체 주제에 대해 더 잘 이해하고 참여에 대한 집중도를 유지할 수 있다.

3

참여형 활동, 강의

함께하는 강의의 만족도가 높다

어떤 강의를 계획하든 강사 혼자 하는 것이 아니라는 것을 기억하자. 강의의 주체는 강사가 아니라 학습자이다. 참여형 강의는 학습자가 수동적으로 강의를 듣는 것에서 벗어나, 직접 체험하고 의견을 나누며 학습할 수 있도록 하는 중요한 전략이자 강사의 강한 무기가 될 수 있다. 이러한 강의 형태가 익숙해질 수 있도록 부단히 노력하는 것이 필요하다. 나의 경우, 초반에는 더 많이 알려주고, 더 자세히 전달하기 위해 바쁘게 강의를 진행하느라 시간을 넘기고, 또 학습자들도 부담과 어려움을 가졌던 경우가 적지 않았다. 정보 전달을 기본으로 학습자로 하여금 실제 본인이 해결하고 싶은 문제에 대한 능력을 향상시킬 수 있는 강의를 만들어 보자. 이는 강의의 전반적인 만족도를 높이는 데 큰 역할을 할 것이다.

학습자들이 직접 참여하는 과정은 함께 강의를 수강하는 학습자 간, 강사와의 활발한 소통이 이루어져, 강의 내용을 더욱 생생하게 전달하는 데 도움이 된다. 학습자가 주도적으로 학습에 참여할 수 있도록 함으로써, 정보를 단순히 수용하는 것보다 주체적인 경험을 통해 깊이 있는 이해를 도모할 수 있는 것이다.

■ 참여형 활동 구성 전략

1) 소그룹 토론 및 워크숍

- **주제별 토론** : 강의 주제와 관련된 문제를 제시하고, 소규모 그룹으로 나누어 토론하거나 대화를 나눌 수 있는 시간을 마련한다. 물론 강의의 주제에 따라 다를 수 있지만 작게라도 시간을 배분하여 이러한 시간을 계획한다면 이를 통해 학습자들은 다양한 관점을 공유하며 강의에 대한 관심과 흥미가 높아질 것이다.

2) 실습, 응용, 적용, 협업

- 직접 사례를 실습하고 응용을 해본다거나, 본인의 상황에 적용해 보는 과정, 함께 협업하여 간단한 프로젝트를 진행하는 등 다양한 상황을 고려할 수 있다. 이 과정은 학습자가 실제 상황에서 강의에서 다룬 정보를 적용해 봄으로써 강의의 내용에 대한 이해도를 높이고, 학습자 간의 교류를 통해 집중도 및 강의 수용 능력도 높아지게 된다.

3) 질문

- 강의의 주제와 형식에 따라 다를 수 있지만 실시간으로 학습자에게 다가가거나 질문을 던지며 강의 참여도를 높일 수 있다. 생각보다 강의 중 질문을 하는 학습자는 많지 않다. 궁금해도 강의 진행에 방해가 될까 봐 걱정이 되어 그냥 넘어가는 경우도 볼 수 있다. 이런 상황을 놓치지 않고 한 번씩 전체 학습자의 상황을 검토하는 것이 도움이 될 것이다.

4) 팀워크와 협업 강화를 도모하는 팀빌딩 활동

- 팀 프로젝트를 통해 학습자 간 소통과 협업 능력을 향상시키고, 강의 주제에 대한 이해를 도모할 수 있다. 또한 이 과정에서 다양한 아이디어와 접근 방식을 공유할 수 있고 강사 역시 학습자의 이해도 파악 및 이후 강의 진행과 추후의 다양한 강의 계획에 대해서도 큰 도움을 받을 수 있다.

■ 참여형 활동 진행 시 고려사항

하나의 강의 안에 너무 여러 방식의 활동을 계획하면 오히려 산만한 분위기가 지속될 수 있다. 각 활동의 장단점을 파악하고 강의 주제와 내용과 관련하여 가장 효율적이라고 판단되는 활동을 제안하도록 한다. 이 과정에서 활동에 대한 명확한 목표와 기대 성과를 설정하여, 학습자들이 왜 참여해야 하는지, 참여를 통해 무엇을 얻을 수 있는지 이해할 수 있도록 돕고, 동기부여를 하도록 하자. 그리고 활동 진행에 필요한 시간과 자료, 도구 등을 사전에 충분히 준비하여 원활한 진행을 보장하는 것이 중요하다.

활동이 끝난 후, 학습자들로부터 피드백을 받고, 강사와 함께 활동 내용을 리뷰하는 과정 역시 전체 학습자에게 도움이 된다. 그 과정에서 다양한 아이디어와 결과에 대해 공유할 수 있고, 강의에 대한 흥미가 유지된다. 강사는 학습자들의 이해도를 점검하고 향후 개선할 점을 파악할 수 있다.

참여형 활동을 통해 학습자들이 적극적으로 강의에 참여하면, 학습 내용을 더욱 깊이 있게 이해하고 체득할 수 있어 강의 전체의 몰입도가 높아진다. 강의에서 다룬 이론을 실제로 적용하는 경험으로, 학습자의 문제 해결 능력을 실질적으로 강화시키며 더불어 강의에 대한 만족도 역시 높아질 것이다. 활발한 상호작용과 협업을 통해 학습자들 간의 교류가 활발해지며 강의에 대한 흥미가 향상되고, 긍정적인 학습 태도를 유지할 수 있다.

이처럼 참여형 활동은 단순한 강의 전달을 넘어서 학습자들의 적극적인 참여와 경험을 유도함으로써, 강의의 효과와 만족도를 크게 향상시킬 수 있는 중요한 요소이다.

4

강조와 반복

중요한 건 두 번 이상 강조하여 학습자가 잘
이해하였는지 파악하기

↗️ ■ 강조와 반복의 교육적 효과

강사는 이미 익숙하고 잘 알고 있는 주제이기 때문에 당연히 강의 내용에 대해 어려운 부분이 많지 않을 것이다. 하지만 학습자의 입장에서는 해당 주제에 대해 미숙하고 어려움이 있어 강의를 듣는 것임을 기억하자. 중요한 내용을 여러 번 강조하고 반복하는 것은 학습자의 기억 형성과 이해도를 높이는 데 매우 효과적인 방법이다. 이 과정에서 반복하는 것이 학습자에게 스트레스가 되지 않도록 자연스럽게 운영하는 것 역시 강사의 스킬이다. 반복은 학습자가 핵심 개념을 단기 기억에서 장기 기억으로 전환하는 데 도움을 주며, 이를 통해 학습자는 복잡한 내용을 보다 명확히 이해할 수 있고, 강사가 전체 강의를 진행하는 흐름에도 긍정적인 역할을 하게 된다.

기억을 하고 있는지, 이해를 했는지 다그쳐 묻는 것을 의미하는 것이 아니다. 자주 활용되는 부분, 실제로 학습자에게 도움이 될 수 있는 내용은 반복해서 강의에서 다루는 것을 의미한다. 동일한 핵심 포인트를 여러 번 강조하면, 학습자가 이를 반복적으로 접하면서 자연스럽게 기억에 각인된다. 또한 반복을 통해 학습자의 이해 수준을 점검하고, 부족한 부분에 대해 추가 설명을 제공하게 되면 중간에 포기하거나 집중도가 떨어지는 사태를 미연에 방지할 수 있다.

■ 효과적인 강조 및 반복 전략

1) 핵심 개념 요약 및 재진술
각 파트가 끝날 때마다 주요 개념과 핵심 내용을 간략하게 요약하여 학습자들이 핵심 포인트를 다시 확인할 수 있도록 한다. 이때는 여러 방식을 활용할 수 있다. 강의의 주제와 내용에 따라 적합한 방식을 찾아 학습자가 다양한 관점에서 이해할 수 있도록 도움을 주는 것이 중요하다.

중요한 정보를 한눈에 알기 쉽도록 요약하고 정리한 슬라이드를 함께 본다거나, 주요한 내용을 복기하여 반복적으로 노출하는 것이 가장 쉽고 빠른 방법이다. 이때는 강사의 목소리 톤과 제스처가 중요한데, 편안하되 전달력 있는 톤으로 핵심 내용을 강조하고, 제스처를 활용해 주요 정보에 집중할 수 있도록 하는 것이 좋다.

▌2) 즉각적인 피드백과 질문 활용

▌나의 경우, 강의 중간 질문을 자주 던지는 편이다. 분위기에 따라 다르지만 적극적인 수강 분위기의 경우 질문에 대한 호응도가 높은 편이다. 조금 딱딱하고 조용한 분위기의 강의 현장이라면 부담이 되지 않는 선에서 자연스럽게 질문을 던지고, 강사가 다시 대답을 하는 식으로 강의 내용을 한 번 더 상기하는 것이 좋다. 특정 개념에 대해 학습자에게 질문을 던지거나 짧은 퀴즈를 통해, 학습자가 반복 학습을 통해 얻은 이해도를 확인하고 이후 강의 과정에 반영하여 진행하도록 한다.

잠깐 시간을 내어, 전체 학습자를 둘러보는 것도 도움이 된다. 개별적으로 조용히 질문을 하고 싶어하는 경우도 있으므로, 이러한 시간을 마련하여 학습자의 질문을 파악하고 답변을 함으로써 이해가 부족한 부분에 대해서는 추가 설명을 제공한다. 이때 질문이 유용하고 대다수의 학습자에게 필요한 정보라고 생각되면 개별적으로 간단히 답변 후, 전체를 대상으로 한 번 더 요약한다.

복잡한 단계의 정보의 경우, 한 번 더 전체 과정에 대해 쉽게 이해할 수 있도록 인포그래픽이나 다이어그램으로 표현을 하는 것이 도움이 된다. 반복은 너무 잦으면 부담감과 지루함을 유발할 수 있으므로, 적절한 간격을 두고 자연스럽게 진행하는 것이 중요하다.

최신의 정보를 다루는 학습이 주된 목표인 강의의 경우, 학습자가 얼마나 이해하고 수용했는지가 중요한 관건이다. 체험형, 놀이 등의 주제인 강의에서는 반복 학습이 크게 필요하지 않을 수 있다. 하지만 전자의 경우, 반복 학습을 통해 학습자가 중요한 개념과 내용을 장기 기억으로 전환하고 실제 본인의 문제 상황에 적용할 수 있도록 도와주는 것이 중요하다는 사실을 기억하자.

다시 한번 말하지만, 반복과 강조 과정에서 학습자의 반응을 파악하고 이해도를 신속하게 진단할 수 있고, 강사는 필요한 부분에 대해 즉각적으로 보완 설명을 제공하며 보다 완성도 높은 강의를 운영할 수 있을 것이다.

시청각 자료의 활용

관련 영상, 좋은 사례의 이미지 등 각인시키기

■ 시청각 자료의 효과와 역할

시청각 자료는 복잡한 정보를 직관적으로 전달하고, 학습자들의 이해도와 기억력을 높이는 강력한 도구이다. 이전의 파트에서도 계속적으로 강조했던 것처럼 텍스트와 구두 설명만으로는 어려운 개념이나 사례를, 시각적 자료와 영상 콘텐츠를 통해 효과적으로 전달할 수 있다.

- **직관적 이해 제공** : 이미지, 동영상, 인포그래픽 등은 학습자들이 복잡한 데이터를 한눈에 파악하게 도와주며, 이해의 폭을 넓힌다.

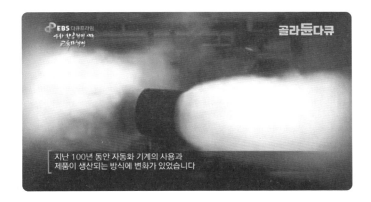

지난 100년 동안 자동화 기계의 사용과
제품이 생산되는 방식에 변화가 있었습니다

- **기억에 남는 강의 구성** : 잘 구성된 교안 및 자료는 강의 내용
  이 학습자의 장기 기억에 깊이 각인되도록 하며, 나중에
  복습 시 유용한 참고 자료가 된다.

■ 시청각 자료 활용 전략

1) 관련 영상 자료 및 시연 과정

- **주제 관련 동영상** : 강의 주제와 직접적으로 연결되는 동영상
  클립이나 다큐멘터리, 인터뷰 영상을 삽입해, 강의 주제에
  대한 관심과 기대감을 높인다.
- **실시간 실습 과정** : 필요에 따라 실제 프로그램 사용법이나
  사례를 실시간으로 시연하는 과정을 다루어 학습자들이
  직접 보고 이해할 수 있도록 한다.

2) 이미지와 인포그래픽 제작

강의 내용과 관련된 고해상도 이미지나 사진을 사용하여, 주제의 핵심 메시지를 시각적으로 강조한다. 이미지에 대한 내용을 굳이 설명하지 않고, 전체 강의 자료의 통일성을 유지할 수 있도록 강의의 슬라이드의 배경 등으로 활용하는 방법도 있다.

강의의 주제와 내용에 따라, 혹은 강의의 필요성을 강조하기 위해 복잡한 데이터를 활용하게 되는 경우도 있는데, 간결하게 정리한 인포그래픽을 제시하여, 학습자들이 내용을 한눈에 이해할 수 있도록 돕는다.

3) 다이어그램 및 차트 활용

주요 개념이나 과정을 시각적으로 표현한 다이어그램을 사용하는 것은 특히 학습자에게 도움을 줄 수 있다. 이를 통해 학습자가 전체적인 구조와 흐름을 쉽게 파악할 수 있다.

위의 방법을 사용할 때에는 강의 전체의 톤과 일관성을 유지하도록 동일한 디자인 템플릿과 색상, 폰트를 사용하여 제작하는 것을 추천한다. 강의 슬라이드 안에서 모든 내용을 볼 수 있도록 하면, 더욱더 집중도를 향상할 수 있다.

슬라이드나 강의 자료 내에서 중요한 정보가 눈에 띄도록 배치하며, 학습자들이 자연스럽게 내용을 각인할 수 있도록 한다.

■ 시청각 자료 준비 및 적용 시 고려사항

그리고 강의에 사용되는 영상, 이미지, 데이터의 출처와 정확성을 반드시 확인하여, 학습자들에게 신뢰할 수 있는 정보를 제공해야 함을 기억하자. 또한 학습자의 수준과 배경에 맞춰 자료의 난이도와 표현 방식을 조정하는 것도 필요하다. 예를 들어, 초보자용 강의라면 간단하고 직관적인 시각 자료를, 심화 강의라면 복잡한 데이터 분석 자료를 활용하여 전달함으로써 학습자 입장에서 필요한 내용을 잘 전달하도록 한다.

마지막으로 강의 전, 사용될 모든 시청각 자료의 작동 여부와 해상도, 음질 등을 점검하여, 강의 진행 중 기술적 오류가 발생하지 않도록 준비한다.

시청각 자료는 복잡한 개념이나 데이터를 간결하게 전달하여, 학습자들이 강의 내용을 보다 쉽게 이해하고 기억하도록 도움으로써 학습자 참여도를 높이고 몰입할 수 있는 분위기를 만들 수 있다. 강의의 지루함을 해소하고, 학습자들의 흥미와 참여도를 높여 전반적인 학습 효과를 극대화하는 강의를 계획하고 운영하는 것은 강사의 역량이라고 생각한다. 강의와 관련된 다양한 정보를 보다 쉽게 전달하고 학습자의 입장에서 이해와 활용도 역시 높일 수 있도록 시청각 자료의 체계적으로 활용하는 것은 필수적인 요소이다. 이로 하여금 강사는 강의의 질을 높이고 학습자들은 핵심 정보를 효과적으로 습득할 수 있게 될 것이다.

6

유연한 강의 진행

> 상황에 맞게 즉각적으로 강의 콘텐츠와 방식을
> 재조정하기

■ 유연한 진행의 새로운 접근법

강의를 촘촘히 구성하고 준비하더라도 항상 예기치 못한 상황은 발생할 수 있다. 사전에 준비한 내용, 고정된 스크립트에만 의존하지 않고, 현장의 상황과 학습자 반응에 따라 대처해야 하는 경우가 있음을 알고 대비하는 과정이 필요하다. 유연한 강의 진행은 강의 계획을 하나의 틀로만 고집하지 않고, 상황에 맞게 내용을 재구성하고 반영하여 학습자의 참여와 이해를 높이는 방법이다. 강의 중 학습자의 반응과 분위기를 빠르게 파악하고, 즉시 대처할 수 있는 판단력을 기르는 것이 중요하다. 실제 현장에서 학습자가 내용에 대해 어려움을 표현하는 경우가 대다수라면 강사가 준비한 내용을 고집하기보다는 수준이나 방법 등을 보다 단순하게 조정하여 강의에 대한 참여도와 집중도를 유지하는 것이 나을 수 있다.

이때 강사의 판단력이 중요하게 작용한다. 학습자의 반응이나 태도에 과도하게 좌우되는 것을 의미하는 바는 아니다. 강의 계획에서 벗어나 예상치 못한 학습자의 반응이 대다수에게서 지속적으로 보인다면, 강의의 진행 과정을 잠시 검토해 보는 것도 필요하다. 최근에 ○○대학교에서 진행했던 디지털 미디어 수업의 경우를 예로 들면, 담당자와의 사전 피드백과 미팅 등을 수차례하고 강의에 들어갔음에도, 수강생의 90% 이상이 대학생이라고 예측하였던 실제 강의 현장의 상황은 대학생과 교직원이 반반의 비율로 참여하였고, 강의에서 다루는 툴에 대한 인지도, 활용수준 역시 담당자가 전달했던 내용과 상이하여 다시금 재조정하는 과정이 필요했다. 강사에게는 필요에 따라, 사례나 추가 설명, 예제, 실습, 토론 등 다양한 방법을 도입해 강의 흐름을 재구성하는 능력이 필수적이라고 생각한다.

대부분의 강의가 계획과 예측대로 운영될 수 있지만, 그렇지 않은 경우에도 유연하게 대처할 수 있도록 만반의 준비를 하는 과정이 강사에게 도움이 된다는 의미이다. 특정 강의에만 국한하는 것이 아니라, 내가 진행하는 강의에 대한 다양한 시나리오를 생각해 보며 강의 도중 발생할 수 있는 돌발 상황에 대해 미리 대비하고, 적절한 대응 방법을 준비한다.

1) 현장 모니터링과 즉각적 반응

상황을 인식할 수 있도록 강사는 항상 학습자의 표정, 질문, 태도 등을 관찰한다. 중간중간 학습자 전체의 상황을 둘러보고, 필요시, 즉각적인 지원이나 수준의 조정 등을 통해 학습자의 이해도를 확인한다. 학습자의 질문 중 강의 주제와 관련된 유의미한 내용이 있다면 잠시 시간을 내어 살펴보는 융통성도 학습자로 하여금 흥미를 지속하고, 강사의 전문성을 신뢰하는 데 도움이 된다. 시간적 여유가 있다면 관련하여 간단한 미션이나 흥미로운 토론의 시간을 같이 운영하는 것도 좋다. 항상 만일의 상황에 대비하여 추가 자료나 사례 등을 준비하기를 바란다.

2) 커리큘럼의 조정

- 유연한 대응과 구성 : 강의 내용을 다양한 방식과 형태로 대체할 수 있는 것도 강사의 능력이라고 생각한다. 학습자의 반응에 따라 필요하다면 특정 파트를 심화하거나, 생략할 수 있다. 물론 이 과정은 담당자와 학습자에게 충분한 설명과 설득이 필요한 부분이다. 나의 경우, 강의 중 학습자들이 자유롭게 질문할 수 있도록 대화를 나누고, 토론 시간을 가지기도 하며 실시간 반응을 검토하고 피드백을 반영하고자 한다. 이러한 태도는 강의 분위기를 산만하게 하는 것이 아니라, 실제 강사와 학습자의 소통을 강화하고

강의에 대한 몰입도를 높이는 데 직접적인 영향을 미친다고 생각한다.

■ 적용 시 고려사항

강사는 사전에 다양한 대응 시나리오를 준비하더라도, 막상 현장에서는 당황할 수 있다. 현장에서 융통성 있게 대처할 수 있는 유연한 사고방식을 가지도록 하자.

또한 각 학습자의 이해도와 관심사가 다르므로, 수업에서 나타날 수 있는 모든 피드백이나 반응을 수용할 수는 없다. 다수의 상황과 강의의 목표와 주제 등을 고려하여 유연한 흐름을 조정하는 진행 전략은 학습자들의 특성을 반영할 수 있다. 너무 개인화된 요구 사항 등의 반응은 별도의 시간을 마련하여 지원하는 것이 바람직하다.

유연한 태도와 조정은 강의에서 중요한 역할을 하기도 하지만, 때로는 방해요소가 될 수 있다. 예상보다 시간이 더 소요될 수 있으므로, 전체 강의 시간 관리에 방해되지 않도록 유의해야 하겠다.

학습자들은 강의 중 자신의 의견이 반영되는 것을 경험하면, 강의에 대한 몰입도와 만족도가 크게 향상된다. 반복적으로 언급하지만, 이 부분은 개개인의 니즈를 충족하는 것이 아닌, 전체 강의의 효율성을 위함인 것을 기억해야 한다. 돌발 상황에 신속하게 대응함으로써, 강의 흐름을 유지하고 학습자의 이해를 지속적으로 도모할 수 있으므로 사전에 이러한 상황에 대한 대안을 마련해 두면, 무기를 장착한 듯 강의에 든든하게 참여할 수 있게 될 것이다.

유연한 강의 진행은 강사의 문제 해결 능력을 향상시키고, 전문성을 부각시키며, 장기적으로 강의의 품질을 높이는 데 기여한다. 불필요한 변화를 요구하는 것이 아니다. 다만 고정된 계획에만 의존하여 현장의 목소리에 귀 기울이지 않는 것을 조심하라는 의미이다. 학습자의 반응과 태도를 항상 고려하여 학습자중심의 맞춤형 교육을 실현하는 것이 현대 사회에서 요구하는 강사의 역량 중 하나라고 생각한다. 이를 통해 더욱 효과적이고 역동적인 교육 환경을 만들어 가기를 바란다.

7

실습의 힘

> 배우는 것보다 직접 경험하는 것이 학습자에게
> 도움을 준다

■ 실습의 교육적 가치와 필요성

실습은 이론적 학습을 실제 경험으로 연결해 주며, 학습자가 배운 개념을 직접 적용해 볼 수 있는 기회를 제공한다. 나의 경우, 강의의 70% 이상이 현재 실습형 강의이다. 강의의 일부분이라도 실습을 할 수 있도록 구성해 보는 것을 추천한다. 단순히 강의를 듣는 것보다 직접 실습해보면 학습 내용이 체화되고, 문제 해결 능력이 자연스럽게 향상되어 학습자의 만족도 역시 높아질 것이다.

■ 실습 구성 및 운영 전략

1) 명확한 실습 목표 설정

- **구체적 목표와 과정 안내** : 강의 주제와 연결된 실습 목표를 설정하고, 학습자들이 실습의 과정을 잘 이해할 수 있도록 과정에 대해 안내한다. 이 과정에서 실습의 목적과 효과를 전달하는 것이 중요하다.

2) 성과 기준 마련

실습 결과를 평가할 수 있는 기준을 미리 제시하여, 학습자들이 목표에 도달했는지 스스로 확인할 수 있도록 한다. 이때 실습을 하는 과정에 참고할 수 있는 슬라이드를 띄워놓을 수 있도록 하는 것이 중요하다. 그리고 강사는 실습 과정을 둘러보며 필요한 부분에 적절한 도움을 주어 실습 과정의 성과를 높이도록 한다.

3) 실습 자료 및 환경 마련

- **적절한 도구와 자료 준비** : 실습에 필요한 도구, 자료, 프로그램 등을 미리 준비하고, 학습자들이 쉽게 접근할 수 있는 환경을 조성한다. 이때 미숙한 학습자에게는 개별적으로 지원하며 실습에 대한 참여도를 높일 수 있도록 하고, 실습 과정에 대해 긍정적으로 피드백을 해야 한다.

4) 환경 설정 및 테스트

실습 전, 필요한 자료와 도구의 수량과 상태, 사용되는 장비나 소프트웨어의 정상 작동 여부를 사전에 점검하여, 강의 중 도구적인 문제로 인한 방해를 최소화한다.

5) 토론 및 질의응답

학습자 간의 토론을 통해 실습 과정에서 발생한 문제점과 개선점을 논의하고, 강사는 이를 수용하여 추가 설명을 통해 이해도를 높인다.

■ 실습 진행 시 고려사항

실습 과제는 학습자의 배경과 경험 수준에 맞게 난이도를 조절하여, 모든 학습자가 참여할 수 있도록 구성하는 것이 중요하다. 나의 경우, 난이도 수준을 같은 주제 안에서도 2~3단계로 계획하여 강의 시 유연하게 조정하곤 한다.

실습 중 발생할 수 있는 오류나 문제에 대해 학습자가 당황하지 않도록 실습 과정에 대해서도 강사는 항상 집중하고 즉각적으로 지원한다. 또한 실습 과정은 예상보다 시간이 더 소요될 수 있으므로, 유연한 시간 배분과 함께 필요한 경우 추가 설명이나 연습 기회를 제공한다.

실습은 학습자가 이론을 실제 문제에 적용하는 능력을 기를 수 있도록 도움을 주며, 강의 후에도 실제 업무나 상황에서의 문제 해결 능력을 크게 향상시킨다. 또한 직접 참여하고 경험하는 과정은 학습자에게 큰 동기를 부여하여, 강의에 대한 만족도와 적극적인 참여를 이끌어낼 수 있음을 기억하자. 효과적인 실습 구성과 운영을 통해, 강의의 전체적인 학습 효과와 집중도를 높일 수 있다.

8

즉각적 피드백

> 수강생의 요청, 피드백을 빠르게 반응하고
> 지원하기

■ 즉각적 피드백의 중요성

즉각적 피드백은 강의 진행 중 학습자들의 이해도를 실시간
으로 파악하고, 필요한 보완을 신속하게 할 수 있도록 도와준다.
강의 도중 피드백을 통해 강사는 학습자들이 놓치거나 어려워
하는 부분을 지원할 수 있으며, 이는 학습 효과를 극대화하는 데
매우 중요한 역할을 한다.

강사의 피드백은 잘못된 개념이나 부족한 부분을 교정해, 학
습자가 올바른 정보를 습득하고 반영할 수 있도록 도와주는 역
할을 한다. 중간중간 질문을 던지거나, 전체 상황을 점검하며 강
사와 학습자 간의 활발한 소통을 함으로써 강의 분위기를 긍정

적으로 만들 수 있고, 이 과정에서 강사의 관심과 피드백은 학습자들의 참여를 촉진하게 된다.

■ 즉각적 피드백 제공 전략

1) 실시간 반응 모니터링
나의 경우 강의 중간중간 짧은 질문을 던지거나, 집중도 확인을 위한 퀴즈와 같은 즉각적인 활동을 통해 학습자들의 이해도를 파악하고 있다. 생각보다 흥미를 가지고 적극적으로 참여를 하는 경우가 많고, 이때는 부담을 가지지 않는 수준에서 가볍게 다루는 것이 좋다.

2) 비언어적 신호 체크
학습자들의 표정, 반응, 눈 맞춤 등을 주의 깊게 관찰하는 것이 중요하다. 실제로 현장에서 손을 들어 표현하거나, 질문을 하는 경우는 많지 않을 수 있다. 강사가 다가가면 이야기를 하지만 학습자의 자리에서 직접적으로 표현하는 것에 어려움을 느낄 수 있음을 감안하여 강사가 이러한 분위기를 읽을 수 있도록 항상 학습자의 반응을 살펴보는 것이 필요하다.

3) 피드백 도구 활용
온라인 강의의 경우, 채팅창이나 쉬는 시간에 참여할 수 있는 간단한 설문을 사용해 학습자들의 의견과 질문을 즉각 수집하는 것이 도움이 된다.

강의 자료와 함께 모니터(혹은 강의 화면)에 학습자들의 질문이나 의견을 정리하여 실시간으로 공유하고, 피드백을 제공하는 것도 도움이 된다.

✐ ■ 구체적이고 명확한 피드백 제공

강사는 학습자의 질문에 대해 빠르고 명확한 답변을 제공하는 것이 중요하다. 다수의 학습자가 같은 고민을 하고 있을 수 있으므로 관련하여 좀 더 쉽게 이해할 수 있는 방법을 활용하거나 시각적 자료를 활용해 다시 한번 살펴보는 것이 좋다.

강의 중이나 종료 후에 별도의 질의응답 시간을 마련하거나 강사가 직접 다가가 질문을 할 수 있다. 학습자들이 궁금했던 사항을 해소할 수 있도록 하며, 전반적으로 도움이 될 수 있는 주요 질문은 강의 중에 한 번 더 다루도록 한다.

✐ ■ 즉각적 피드백 진행 시 고려사항

학습자의 수준과 배경에 따라 질문의 난이도와 피드백의 효과적인 방법은 달라질 수 있음을 고려해야 한다. 그리고 모든 학습자가 편안하게 질문할 수 있는 분위기를 조성한다.

하지만 일부 학습자의 질문에 대한 피드백에 과도한 시간이 소요되지 않도록 주의하는 것도 필요하다. 전체 강의 시간 내에서 적절히 배분하며, 강의 흐름을 방해하지 않도록 유의한다.

또한 피드백 과정은 학습자의 자존감을 해치지 않도록 긍정적이고 호의적인 언어와 태도로 진행하는 것이 강사에게 요구되는 중요한 자세라는 사실을 기억하자.

강사의 관심과 피드백은 학습자가 자신의 이해도를 스스로 점검하고, 부족한 부분을 빠르게 보완할 수 있도록 한다. 일방적인 전달이 아닌 활발한 소통과 상호작용을 통해 학습자들은 강의에 더 적극적으로 참여하게 되며, 강의의 전반적인 몰입도가 높아진다.

강사 역시 피드백을 통해 학습자의 반응을 실시간으로 파악하고, 강의 내용을 보다 유연하게 조정하여 보다 효과적인 강의 진행을 할 수 있을 것이다.

9

휴식과 재집중

적절하게 강의 + 쉬는 시간 계획하기

■ 휴식의 중요성과 효과

효과적인 강의 진행을 위해서는 일정 간격의 휴식이 필수적
이다. 이 부분은 강의를 수년간 해오면서 정말 중요한 요소라고
생각되는 부분 중 하나이다. 적절한 휴식은 학습자의 집중력을
회복시켜 주며, 강의에 대한 피로도를 낮춰 이후 내용의 효과적
전달을 도와주고, 강의 전반의 분위기를 유지하는 데 긍정적인
효과로 작용하게 된다.

강의 중간 일정한 시간의 휴식을 제공하는 것은 학습자들이
다시 집중할 수 있도록 돕고, 장기적으로 강의에 대한 참여도를
높이며, 이 시간을 통해 강사 역시 다음 내용에 대한 사전 점검

및 현장 분위기를 반영하여 재조정할 시간을 가질 수 있다. 휴식 시간 동안 학습자들은 앞서 배운 내용을 정리하고, 어려웠던 부분은 강사와의 소통을 통해 해결할 수 있다. 그리고 새로운 정보를 받아들일 준비를 할 수 있다.

■ 휴식 및 재집중 시간 구성 전략

1) 적절한 휴식 시간 배분

시간 간격을 계획하는 것은 보통 담당자와 사전에 협의를 하는 편이다. 전체 강의 시간을 기준으로 주요 강의 시간을 정하고, 그 안에 적절한 휴식 시간을 계획하여, 학습자의 집중력을 효과적으로 관리한다. 나의 경우에는 보통 시간 단위로 강의를 하고 있어, 45~50분의 강의를 진행하고 10~15분의 휴식 시간을 제공하고 있다. 또한 사전에 담당자에게 전달하여 강의 흐름과 학습자의 반응에 따라 얼마든지 유연하게 조정하는 것으로 협의를 할 수도 있다.

2) 다양한 휴식 활동 제시

갑자기 쉬는 시간이라고 전달하기보다 자연스럽게 제안하는 방식을 추천한다. 그리고 강의를 다시 시작하는 시간에 대해서도 언급하도록 해야 휴식 시간을 효율적으로 사용하고 다시 강의에 몰입하는 분위기를 만들 수 있다. 휴식 후, 다시 강의를 시작하기 전 간단한 스트레칭 동작이나 몸을 풀 수 있는 간단한 운동을 제안하거나 가벼운 대화나 짧은 퀴즈, 혹은 간단한 게임 등으로 분위기를 전환시키는 것도 원만한 분위기를 유지하는 데 도움이 된다. 또한 휴식 시간 동안 음악이나 영상 등을 미리 준비하여 제공하는 것도 좋다.

3) 재집중 유도 전략

휴식 후 강의 재개 시, 짧은 요약이나 이전 세션의 핵심 포인트를 다시 한번 강조해 학습자들이 자연스럽게 강의 내용에 재집중할 수 있도록 한다. 산만한 분위기에서 바로 시작하기보다는 휴식 후 가벼운 대화 등의 시간을 마련하여, 학습자들이 휴식 동안 떠올린 질문이나 의견을 공유하도록 유도하고, 이를 통해 다시 한번 강의에 몰입할 수 있도록 한다.

■ 휴식 진행 시 고려사항

휴식 시간이 너무 길면 강의 리듬이 깨질 수 있으므로, 적절한 시간을 유지하는 것이 중요하다. 이때는 특히 연령대나 직업군 등이 크게 작용하므로 담당자에게 기존의 강의 시간 배분에 대해 조언을 구하는 것도 도움이 된다.

휴식 공간은 강의실 내 혹은 복도 등에서 간단히 자리 이동이나 스트레칭을 할 수 있는 환경을 마련하여 안내하고 학습자들이 편안하게 휴식을 취할 수 있도록 한다.

정기적인 휴식은 학습자들이 강의 중 피로감을 해소하고, 높은 집중력을 유지할 수 있도록 도와준다. 휴식 후 강의 재개를 할 때도 강사의 능력이 빛을 발한다. 흐트러진 분위기를 다잡고 다시 강의에 집중할 수 있도록 미리 준비하는 것이 좋다. 적절한 강의와 휴식의 시간 배분과 활용은 강의의 전체 분위기를 긍정적으로 만들며, 학습자들이 강의에 더욱 적극적으로 참여할 수 있도록 한다.

10

시간 관리

적절히 시간을 분배하고 계속 확인,
마치는 시간은 꼭 지킬 수 있도록 하기

■ 시간 관리의 중요성과 목적

효과적인 강의는 정해진 시간 내에 모든 주요 내용을 전달하면서도 학습자들이 집중할 수 있도록 구성되어야 한다. 나의 경우, 강의 과정에 대한 시간 배분을 계획하고 리허설을 한 후, 현장에 갔음에도 변수(실제 현장에서 학습자의 수준과 속도에 대한 차이, 기타 강의 현장의 상황 등)로 인해 시간 안에 마무리를 하는 것이 아쉬웠던 경험이 있다. 체계적인 시간 관리는 강의의 전체 리듬과 흐름을 유지하는 데 결정적인 역할을 한다는 사실을 기억하고, 강의 종료 시간을 철저히 지킴으로써 학습자와 강사 모두에게 신뢰를 제공하도록 하자.

- **강의 흐름 유지** : 각 세션과 활동에 적절한 시간을 할당하면,

강의 전반의 흐름이 일관되고 자연스럽게 이어진다. 하지만 이 과정에서도 학습자의 이해 상황을 충분히 고려해야 한다. 강사가 일방적으로 전달하는 시간을 의미하는 것이 아니라, 학습자가 강의 내용에 대해 이해하고 있는 반응을 고려한 시간을 뜻한다.

- **학습 효과 극대화** : 중요한 주제에 충분한 시간을 배분하며, 이해를 할 수 있는 시간 역시 함께 계획하는 것이 중요하다. 물론 불필요한 지연 없이 핵심 내용을 효과적으로 전달하는 것이 가장 중요하지만, 그 과정에서 강의 속도가 빨라지며 학습자에게는 버겁고 어려운 강의가 될 수 있다.

■ 시간 관리 실행 전략

1) 구체적인 시간 분배 계획 수립

- **세부 일정표 작성** : 강의 시작부터 종료까지 각 파트별 소요 시간을 세밀하게 계획하고, 이를 기반으로 전체 일정을 구성한다. 언제나 계획은 달라질 수 있음을 감안하여 여유 있게 계획하고 대안도 사전에 준비하는 것이 좋다.

2) 우선순위 설정

강의 내용 중 핵심 주제와 보조 주제를 구분하여, 핵심 주제에 더 많은 시간을 할당하고 보조 내용은 간결하게 전달한다. 예를 들면 직접 참여하는 주제에 대해서는 많은 시간을 배분하고, 강사의 요약 및 정리의 시간은 간단하게 진행하는 등을 의미한다. 학습자들이 직접 토론을 한다면, 충분히 대화를 나눌 수 있는 시간을 제공하고 시간에 대해 미리 안내하여 마무리를 하는 시간까지 조급함이나 서두름이 없도록 지원을 한다.

3) 실시간 모니터링 및 조정

- 타이머 및 체크리스트 활용 : 강의 중 타이머나 체크리스트를 활용해 현재 진행 상황을 지속적으로 확인하고, 예정된 시간에 맞추어 강의가 진행되고 있는지 모니터링한다. 예상보다 더 많은 시간이 소요되는 경우, 반대로 빨리 진행되는 경우에 대비해 약간의 여유 시간을 마련하는 것이 좋다. 이때 학습자들이 직접 참여를 하는 강의의 형태라면 한 번 더 전반적으로 둘러보고 체크하는 것이 자연스러운 전환에 도움이 된다.

4) 마무리 시간 안내

강의 시작 전 학습자에게 강의 종료 시간을 명확하게 안내하고, 그 시간을 지킬 수 있도록 강의의 속도를 조절하는 것도 중요하다. 강의의 주요 주제만 다루고 인사를 한 후, 마무리를 하기보다는 강의 종료 전 마지막 5~10분을 요약 및 질의응답 시간으로 배정하여, 전체 내용을 정리하고 학습자의 이해도를 확인할 수 있도록 한다.

강의 진행 중 강사는 항상 학습자의 반응을 면밀히 관찰하여 유연하게 조정하는 태도가 필요하다. 예상보다 추가 설명이 필요한 부분이나, 빠르게 넘어가도 되는 부분을 판단하는 것이 강사의 역량이라고 본다.

강의 중 돌발 상황이나 예상치 못한 질문 등으로 일정이 지연될 가능성을 고려하여, 미리 비상 계획을 마련해 두고 당황하지 않는 태도로 대응하는 것도 기억해두자. 강의 슬라이드를 많이 활용하는 강의의 경우, 타이머나 디지털 슬라이드 전환 알림 등 시간 관리에 도움이 되는 다양한 도구를 활용해 강의 진행 상황을 항상 파악할 수 있도록 한다.

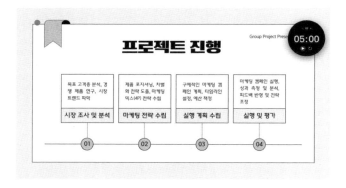

체계적인 시간 분배와 지속적인 모니터링은 강의의 전반적인 흐름을 원활하게 유지하며, 학습자들이 집중도를 유지하며 내용을 따라갈 수 있도록 하는 데 도움을 준다. 일정한 시간 관리와 명확한 종료 시각은 학습자들이 강의에 집중하고, 중요한 내용

을 효과적으로 습득하는 데 기여한다. 더 많이 알려주는 강사보다 빨리 끝내는 강사가 명강사라는 말이 괜히 있는 것이 아니다. 하나라도 정확하게, 시간 안에 전달하는 것을 목표로 하자. 계획된(약속한) 시간 내에 강의를 마무리함으로써 강사는 전문성과 신뢰를 높이고, 학습자들에게 긍정적인 강의 경험을 제공할 수 있을 것이다.

Chapter.3

강의 현장에서의
노하우

1

아이 컨택, 자신감 있게 눈 맞추기

수강생을 바라보며 강의하기

강의 현장에서 강사가 학습자와 눈 맞춤을 하는 것은 단순한 비언어적 소통 이상의 의미를 가진다. 강의를 하며 어느 곳을 바라보는지 한번 점검을 해보자. 허공을 바라보거나, 시계를 계속 확인하거나, 한 곳만 응시하는 경우는 아닌지 나의 태도를 체크하는 과정은 중요하다. 특히 이러한 습관은 쉽게 고쳐지지 않으므로 초반에 파악하여 바람직한 방향으로 수정해 나가는 것을 추천한다.

지속적인 눈 맞춤은 강사와 학습자 간의 신뢰를 형성하며, 학습자들에게 강의 내용이 진실되고 믿을 만하다는 인상을 준다. 또한 강사가 수강생을 바라보며 강의하면, 학습자들은 자신들이 주목받고 있다고 느끼며 강의에 더욱 집중하게 된다. 눈 맞춤은 학습자에게 질문이나 의견을 제시할 수 있는 자신감을 부여해, 강의의 상호작용을 활성화할 수 있다. 학습자가 부담이 되지 않는 선에서 적절한 눈 맞춤을 하도록 하자.

■ 효과적인 눈 맞춤 전략

1) 균형 잡힌 시선 분배

- **전체 학습자 대상** : 강의 중 한쪽으로만 눈을 돌리거나 특정 그룹에만 집중하지 않고, 교실 전체의 학습자를 골고루 바라본다. 특히 조용하게 강의에 집중하는 인원에 대해 관심을 표현하는 것이 도움이 된다. 적극적으로 참여하는 인원에 대해서만 집중하지 않도록 유의하자.

- **순환적 시선 활용** : 한 학습자에게 너무 오래 머무르지 않고, 자연스럽게 시선을 이동하여 모든 학습자에게 참여감을 느끼게 한다. 이는 충분한 연습이 필요하다. 다수의 학습자를 둘러보며, 혹시 강의에 집중하지 못하고 있는 인원이 있는지 파악할 수 있다.

- **자신감 있는 태도** : 강사의 자신감 있는 눈 맞춤은 학습자들에게 강의 내용을 확신 있게 전달하고, 강사 자신에게도 긍정적인 에너지를 불어넣는다. 어려움이 있을 경우, 언제든 도움을 줄 수 있다는 메시지를 함께 전달하는 것은 학습자에게 강의에 좀 더 집중할 수 있는 계기가 된다.

■ 비언어적 소통과의 조화

- **제스처와 눈 맞춤의 조화** : 자연스러운 제스처와 함께 눈 맞춤을 활용하면, 강의 내용이 더욱 생동감 있게 전달된다. 혹시 손동작을 자주 사용하는 편이라면 과도한 제스처의 사용이 오히려 집중도를 낮출 수 있다는 사실을 기억하고, 적절하게 사용할 수 있도록 하는 것이 중요하다.
- **신뢰와 친밀감 형성** : 간혹 눈 맞춤을 부담스러워 하는 경우도 있음을 고려하여 자연스럽게 고개를 끄덕이거나, 미소를 보이는 등 간단한 비언어적 표현을 덧붙여 학습자와의 소통을 강화한다.

■ 실전 적용 팁

- **연습과 피드백** : 강의 중 눈 맞춤을 자연스럽게 하기 위해, 평소 대화를 할 때 본인의 시선 처리 등 충분한 연습을 하는 것이 도움이 된다. 필요하다면 동료나 전문가의 피드백을 받아 개선할 부분을 점검한다.
- **환경에 따른 조절** : 강의실의 구조나 학습자의 배치에 따라 자연스럽게 시선을 분산시키는 방법을 미리 생각해 두는 것도 좋은 방법이다. 강의실의 구조 혹은 강의의 성격에 따라 학습자의 배치는 달라진다. 모든 경우에 일률적인 방법을 적용하기보다는 환경에 따라 조절한다.

학습자들은 강사가 자신들에게 집중하는 모습을 보며, 강의에 더욱 몰입하고 참여하려는 태도를 보이게 된다. 강의를 진행하며 학습자의 반응을 관찰하는 것은 상당히 중요하다. 강의의 흐름과 속도가 적절한지 지속적으로 눈 맞춤을 함으로써 강사와 학습자 사이에 신뢰를 쌓고, 학습 분위기를 한층 긍정적으로 만들기를 바란다.

눈 맞춤은 학습자에게 중요한 비언어적 메시지를 전달하며, 소통과 공감의 효과를 극대화할 수 있고, 이를 통해 강의의 전반적인 전달력이 향상된다. 단순한 시각적 소통을 넘어 학습자의 참여와 집중, 신뢰 형성에 중요한 역할을 눈 맞춤을 자연스럽게 습관화하도록 하자.

2

발음과 억양, 정확하게 전달

말하기의 기술을 습득하여 전달력 높이기

■ 발음과 억양의 중요성

정확한 발음과 적절한 억양은 강의의 효과적인 전달을 위해 필수적이다. 강사의 말이 명확하게 들리고, 학습자에게 메시지를 정확하게 전달됨으로써, 강의의 이해도와 전달력이 크게 향상된다. 올바른 발음은 학습자가 강의 내용을 혼동 없이 받아들이게 하며, 전문성을 보여줄 수 있다. 나의 경우에도 특정 발음이 부정확하여, 강의 전에 여러 차례 연습을 하기도 한다.

자연스러운 억양은 강의 내용에 감정을 담아 전달하는 데 도움을 주고, 중요한 부분을 강조하는 데 효과적이다.

■ 발음과 억양 향상 전략

1) 발음 연습과 자기 점검

- **반복 연습** : 강의 전 주요 단어나 문장을 반복 연습하여, 평소에 자주 틀리는 발음을 개선한다.

강사로서 정확한 전달력은 중요한 요소임을 기억하여, 특유의 발음이나 실수를 개선하고자 노력하는 태도가 필요하다.

2) 녹음 및 피드백

자신의 강의 음성을 녹음한 후, 발음과 억양을 점검하고, 동료나 전문가의 피드백을 받아 개선점을 찾아내는 것도 도움이 된다. 실제 스피치 강사의 강의를 들어보고 실습을 하거나, 바른 발음에 대한 피드백을 듣고 수정해 나갔던 경험이 상당한 도움이 되었다.

3) 억양 조절 및 리듬 연습

- **강세와 리듬** : 문장 내에서 핵심 단어에 자연스러운 강세를 주고, 말의 속도와 리듬을 조절해 학습자가 중요한 내용을 쉽게 파악할 수 있도록 한다. 강의를 하다 보면 의식하지 못한 채, 속도가 빨라지기도 한다. 또한 너무 단조로운 말투로 강의를 진행하면 학습자의 집중도에도 영향을 미칠 수 있음을 기억하자. 내용에 맞게 억양을 변화시키며, 강조와 부연 설명 등의 억양에 적절한 톤을 담아 말하는 연

습을 하여, 학습자의 관심을 유지한다.

4) 전문가 강의 및 모범 사례 참고

실제로 타인의 강의를 들어보는 것이 큰 도움이 된다. 발음과 억양이 좋은 강사의 강의를 참고하여, 자신의 말하기 방식에 적용할 수 있는 기법을 습득한다. 그 외에도 기회가 된다면 말하기 기술 향상을 위한 워크숍이나 멘토링 프로그램에 참여해, 실질적인 피드백과 개선 방안을 모색하는 것을 추천한다.

✏ ■ 발음과 억양 향상을 위한 고려사항

강의 내내 일관된 발음과 억양을 유지하면, 학습자가 편안함을 느끼기도 하지만, 주요 사항 등에 대한 파악이 어려울 수 있고, 강의에 집중도가 흐트러질 수 있다. 평소 대화를 할 때도 발음과 억양에 신경을 쓰는 것이 중요하다. 주기적인 자기 평가와 타인의 피드백을 통해 지속적으로 말하기 기술을 개선하는 것이 좋다. 이 과정에서 가르치는 듯한 지시적 말투, 기계적인 말투가 되지 않도록, 자연스러운 대화체와 감정을 담은 억양을 유지하는 것이 중요하다.

명확한 발음과 적절한 억양은 강의 내용을 학습자에게 정확하게 전달하며, 강의의 내용을 어려움 없이 이해하는 데 도움을 준다. 이때 강사는 전문적이고 자신감 있는 말하기 태도가 요구

된다. 강사의 말하기 방식에 따라 학습자들은 신뢰감을 가지고, 더욱 몰입할 수 있으며 강의 전반의 분위기를 긍정적으로 만든다. 발음과 억양이 뛰어난 강사는 자신의 전문성을 효과적으로 보여주며, 강의 후에도 긍정적인 인상을 남긴다는 사실을 기억하고 지속적인 연습과 피드백을 통해 자연스럽고 효과적인 말하기 기술을 습득하기를 바란다.

3

비언어적 표현

자연스러운 제스처로 강사에게 집중시키기

■ 비언어적 표현의 중요성과 효과

비언어적 표현은 강의 중 강사의 제스처, 표정, 자세 등을 포함한다. 방금 전에는 강사의 말에 대해 이야기를 하였다면 지금은 말로 전달되지 않는 중요한 메시지를 학습자에게 전달하는 역할을 하는 비언어적 표현을 다루고자 한다. 자연스러운 제스처와 몸짓은 학습자의 시선을 강사와 강의 자료에 집중할 수 있도록 도움을 준다. 이로써 강의 내용에 대한 집중도를 높이게 된다. 강의를 하는 강사의 표정과 몸짓은 전체 강의 분위기를 좌우하는 큰 요소이다. 뿐만 아니라 학습자들에게 친근감과 신뢰를 형성하는 데 기여한다.

■ 효과적인 비언어적 표현 전략

1) 자연스러운 제스처 사용

중요한 내용을 설명할 때 손으로 가리키거나 몸의 방향 해당하는 부분으로 전환하여 학습자와의 시선을 이끄는 것이 좋다. 이로써 핵심 메시지를 시각적으로 강조할 수 있다. 말의 흐름에 맞추어 자연스러운 몸짓을 사용하면, 강의의 전달력이 높아지고 학습자들이 지루함을 느끼지 않게 된다.

2) 표정 관리와 시선 분배

미소나 눈빛 등 긍정적인 표정은 강의의 분위기를 부드럽게 만들게 된다. 학습자들이 강의에 대해 어떤 생각을 가지고 있는지 파악하여, 학습자들이 강의에 친근감을 느끼도록 적절한 표정과 시선을 활용하도록 한다.

3) 자세와 움직임 조절

바르게 선 자세와 예의를 갖춘 태도는 강사에게 기본적으로 요구되는 모습이다. 강사의 태도는 강사의 자신감과 함께 정중함을 보여줄 수 있어야 한다. 이 과정으로 학습자들은 안정적으로 강의에 참여하며 강사를 존중하는 태도를 갖추게 될 것이다.

4) 학습자와의 자연스러운 소통

강의실 내에서 자연스럽게 이동하며, 다양한 각도에서 학습자와 소통하면, 강의에 활기를 불어넣는다. 실제로 강의 초반에는 강사의 자리에서만 좌우로 이동하며 강의를 진행하곤 하였지만 강의실 내를 둘러보며 학습자의 상황과 수준을 충분히 이해하고자 이동을 시작하였을 때 훨씬 더 소통과 교감이 잘 되는 것을 알 수 있었다.

강의 내용과 어울리는 제스처와 표정을 사용하여, 말과 행동이 일관되게 전달되는지 확인을 하는 과정이 도움이 된다. 과도하거나 부자연스러운 동작을 피하고, 평소 자신의 스타일에 맞는 자연스러운 몸짓을 연습하며 필요시 녹화를 하고 점검하는 것도 좋다. 비언어적 표현의 적절성과 자연스러움을 평가하고, 학습자 입장에서 내용을 검토하며 필요한 수정 사항을 반영한다.

효과적인 비언어적 표현은 학습자들이 강사의 말뿐만 아니라 행동에서도 긍정적인 신호를 받아, 전반적인 강의 집중도를 높일 수 있다. 자연스러운 제스처와 표정은 강의의 분위기를 부드럽고 친근하게 만들어, 학습자들이 편안한 환경에서 학습할 수 있도록 돕게 된다. 이러한 태도는 강사의 전문성과 자신감을 전달할 수 있고 강의 후 학습자들에게 긍정적인 인상을 남긴다. 강사의 메시지를 더욱 생생하게 전달할 수 있는 강력한 무기임을 잊지 말도록 하자.

4

유머의 적절한 사용

적절한 웃음을 줄 수 있는 유머를 준비하기

↗ ■ 유머의 역할과 교육적 효과

유머는 강의 분위기를 부드럽게 만들고, 학습자들의 긴장을 완화하며, 집중력을 높이는 중요한 도구이다. 적절한 유머는 학습자가 강의를 보다 즐겁게 받아들이도록 돕고, 강사의 인간미와 친근함을 전달하여 신뢰를 쌓는 데 기여한다. 사실 유머는 받아들이는 학습자에 따라 편차가 있을 수 있다. 강의 분위기에 따라 적절하게 활용할 수 있도록 하자.

유머는 강의 중 경직된 분위기를 풀어주고, 학습자들이 편안하게 참여할 수 있는 환경을 조성한다. 웃음을 유발하는 순간은 학습자들이 정보를 긍정적으로 기억하도록 돕고, 강의 내용을 더욱 오래 기억하게 만든다.

■ 효과적인 유머 활용 전략

1) 주제 관련 사례 활용
강의 주제와 관련된 가벼운 일화나 사례를 통해, 학습자들이 내용을 보다 쉽게 받아들일 수 있도록 유도한다. 이때, 학습자에게 웃음을 유도하고자 어색하게 전달하기보다는 자연스럽게 공감할 수 있는 정도로 건네는 것을 추천한다. 학습자들이 공감할 수 있는 일상적 경험이나 에피소드를 활용하여, 강의의 긍정적인 메시지를 전달하는 것에 의의를 두는 것이 좋다.

2) 타이밍과 맥락 고려
- **적절한 타이밍** : 강의의 전환 구간이나 분위기가 다소 경직된 순간에 가벼운 유머를 전하게 되면 학습자들이 긴장을 풀고 집중력을 회복하는 데 도움이 된다. 강의 분위기와 주제에 맞지 않는 부적절한 유머는 오히려 분위기를 불편하게 만들 수 있으므로 내용과 맥락에 어울리는 적절한 유머를 선택한다.

3) 유머
사실 유머는 강사의 필수요소는 아니다. 하지만 강의를 하다 보면 학습자들이 반응하는 행동이나 반응에 간혹 당황스럽거나 어려울 때가 있는데, 이러한 경우 가벼운 유머와 함께 유연하게 대응하는 것이 필요할 때가 있다. 강사의 말투와 제스처에 자연스럽게 어우러지는 유머는 학습자들에게 편안함과 즐거움을 선사한다. 단, 과도하게 꾸며지거나 의도하는 느낌을 피해야 함을 항상 기억하자. 유머를 포함한 강의 부분을 사전에 연습하여, 강의 중 자연스럽게 유머가 나올 수 있도록 준비한다. 실제 강의를 하다 보면 유머가 없이도 충분히 강의의 내용을 잘 소화하고 강의의 분위기가 원만하게 이루어지는 경우도 많다. 그러니 너무 부담을 가질 필요는 없다.

유머를 사용할 때에는 학습자들의 배경과 문화적 차이를 고려하여, 편안하게 받아들일 수 있도록 하는 것이 중요하다. 학습자의 일부라 하더라도 내용에 대해 불편함이나 오해가 생기지 않도록 주의한다. 모두가 공감할 수 있는 보편적인 유머를 선택하여 자연스럽게 분위기를 만들어 나가는 것이 중요하다. 민감하거나 논란의 소지가 있는 유머는 피하고, 강의 주제와 관련이 깊은 건전한 유머만 사용하자. 반복해서 이야기하지만 유머는 강사의 필수요소는 아니다. 강의의 흐름을 보완하는 역할 정도로만 사용하기를 권장한다.

적절한 유머는 강의 분위기를 부드럽게 만들고, 학습자들이 보다 편안한 마음으로 강의를 따라갈 수 있도록 돕는다. 학습자들의 집중력을 높이고, 강의 도중 활발한 질문과 토론을 유도하는 데 도움을 줄 수 있는 것은 유머 외에도 다양한 요소가 있음을 알고, 나에게 맞는 방법을 찾아가도록 한다. 자연스럽게 대화를 나누는 것도 충분하다. 강사는 전문성과 동시에 인간적인 매력을 전달하는 것이 중요하다. 강의의 전반적인 분위기를 개선하고, 학습자의 집중력과 참여를 높이며, 강사와 학습자 사이의 소통을 강화할 수 있는 나만의 방법을 만들어 보도록 하자.

5

돌발 상황에 대처

예상치 못한 순간에 대해서도 미리 준비하기

■ 돌발 상황 대처의 중요성

강의 현장에서는 예기치 않은 상황들이 언제든 발생할 수 있
다. 돌발 상황에 미리 대비하는 것은 강사의 침착함과 전문성
을 보여주며, 강의의 원활한 진행을 보장할 수 있음을 기억하자.
나의 경우, 실습 강의로 제안하여 준비한 강의를 현장에서 시연
을 하는 방식으로 바꾸어 요청하는 경우도 있었고, 학습자에 대
한 정보가 달라 실제 현장에서 강의 내용을 수정해야 하는 경우,
강의 중 담당자의 과도한 요구사항 등 정말 다양한 상황이 있었
다. 모든 상황을 예측하고 대비하기는 어렵지만 어느 정도 돌발
상황을 예측하고 대처 방안을 마련하는 것은, 강의 중 발생할 수
있는 혼란을 최소화할 수 있다. 또한 돌발 상황에서도 침착하게

대응하는 강사는 학습자들에게 신뢰와 안정감을 제공한다.

■ 돌발 상황 대비 전략

1) 사전 리스크 분석

- **잠재적 문제점 도출** : 강의 자료, 장비, 환경 등에서 발생할 수 있는 문제들을 사전에 목록화하고, 만일의 상황의 경우, 어떻게 대처할지 준비하는 것이 좋다. 강사의 선에서 대처할 수 있는 내용과 담당자의 직접적인 해결이 필요한 경우 등에 대해서도 사전에 생각해 보는 것이 도움이 된다.

2) 비상 대응 계획 마련

- **대체 자료 준비** : 기술적 문제나 예기치 않은 상황에 대비해, 프레젠테이션 자료나 강의 노트를 다른 형식(예 : 디지털 자료 링크, 인쇄본, USB 등)으로도 준비해 두는 것이 좋다. 실제 강의 현장에서 인터넷 연결에 제약이 있거나, PC등의 문제로 원활하지 않은 경우가 종종 있을 수 있음을 기억한다. 강의실 내 기술 장비나 온라인 플랫폼의 문제에 대응할 수 있도록, 강의 전에 반드시 확인하고 기술 지원 담당자의 연락처를 확보한다.

3) 모의 상황 점검

예상치 못한 상황을 시뮬레이션하고, 그에 따른 대응 방법을 테스트하는 것도 도움이 된다. 특히 문제 상황이 해결되지 않는다면 온라인 강의의 경우, 상대 학습자에게 불편을 끼칠 수 있어 양해를 정중히 구해야 한다. 오프라인 강의에서는 상황에 대해 충분한 설명을 하고 전달하는 것이 비교적 수월하지만 비대면인 온라인 강의에서는 원활하지 못할 수 있음을 기억한다.

4) 돌발 상황에 대응

동료 강사의 의견을 들어, 돌발 상황에 대한 대응 방안을 보완하고, 필요한 부분을 수정하는 것은 정말 큰 도움이 된다. 다양한 강의 현장의 상황에 대해 공유하고 보다 효율적인 대처 방법을 마련할 수 있다.

돌발 상황 발생 시 당황하지 않고, 침착하게 상황을 파악한 후 차분하게 대처하는 것이 필요하다. 강사가 당황하는 모습을 보이게 되면 전체 강의 분위기에 영향을 미칠 수 있다. 사전에 점검을 하였음에도 문제가 발생했다면 학습자들에게 상황을 간략히 설명하고, 불필요한 혼란을 줄이기 위해 차분한 언어와 태도로 소통한다.

■ 돌발 상황 대처 시 고려사항

모든 돌발 상황을 동시에 해결하는 것은 어렵다. 특히 복잡하게 문제가 얽혀 있다면 우선순위를 정해 가장 중요한 문제부터 신속하게 해결하는 것이 중요하다. 강의 계획에 차질이 있을 수 있지만 우선 문제를 해결해야 강의를 진행할 수 있으므로 돌발 상황에 따라 유연하게 대응할 수 있도록 준비하고, 필요시 계획을 수정할 수 있는 태도를 갖추도록 한다. 또한 돌발 상황 발생하였다면, 그 원인과 대응 과정을 지나치지 않고 향후 강의에 반영할 수 있도록 한다. 대처 방법에 대한 방법과 과정을 메모하거나 관련하여 해결할 수 있는 내용을 지속적으로 공부하고 반영하도록 한다.

돌발 상황에 대비한 철저한 준비와 신속한 대응은 강의 전체의 안정성을 높여, 학습자들이 불안감을 느끼지 않도록 할 수 있다. 예기치 않은 상황이라 하더라도 침착하고 체계적으로 문제를 해결하는 강사의 모습을 보여줄 수 있도록 준비하는 것이 중요하다. 학습자들에게 상황에 대한 충분한 안내를 하고, 해결 후 계획했던 강의를 유연하게 진행하는 모습으로 강사의 전문성과 신뢰도를 강화시킨다.

6

강의 에너지 관리

활기찬 분위기와 지속적인 에너지 공급 전략

✎ ■ 강의 에너지 관리의 중요성

강의 진행 중 지속적으로 활기찬 분위기를 유지하는 것은 학습자의 몰입도와 참여를 극대화하는 데 핵심적인 역할을 한다. 강의 에너지는 강사와 학습자 모두의 집중력을 유지할 수 있도록 한다. 또한 학습자의 동기 부여에 직접적인 영향을 미친다. 이렇듯 효과적인 에너지 관리는 강의의 활기뿐만 아니라 성과를 내는 데 도움을 줄 수 있다. 너무 진중한 분위기는 긴장도가 높고, 쉽게 지루해질 수 있다. 반면 활기가 있는 강의 분위기는 학습자들이 흥미를 지속하며, 강의에 적극적으로 참여하게 만든다. 물론 강사의 역량, 성향이나 성격에 따라 달라질 수 있다. 이 부분에서 다루는 활기는 말 그대로 활동력이 있는 기운을 의미

함을 기억하자.

■ 효과적인 강의 에너지 관리 전략

1) 완급을 조절하는 강의 진행

- **변화 있는 페이싱** : 강의 내용의 적절한 속도와 방법, 휴식 시간을 적절히 조절하여, 학습자들이 긴장을 풀고 재충전할 수 있는 리듬을 만드는 것이 중요하다. 활동을 전환할 때는 짧은 아이스브레이킹 활동이나 간단한 스트레칭, 동기부여 영상을 활용해 강의 중간에 에너지를 불어넣는 것도 도움이 된다.

2) 참여형 활동 도입

특히 강의에 집중을 지속하기 어려운 어린 연령의 대상으로 강의 주제와 연관된 짧은 퀴즈나 팀별 게임 등을 도입하는 것도 좋다. 강사가 강의를 통해 많이 전달하고 싶은 마음은 충분히 이해하지만, 학습자들이 즐겁게 참여하여 하나라고 의미 있게 받아들이고 이해할 수 있는 과정 자체에 의의를 두고 분위기를 조성하도록 한다.

3) 실시간 토론 및 의견 교환

실제로 현장에서 강사 혼자 전달하는 방식보다는 강의 중간에 소그룹 토론이나 의견 공유 시간을 마련하는 것이 효율적인 경우도 많다. 학습자들이 서로의 생각을 나누며 활발한 상호작용을 하게 되며 강의에 대한 몰입도도 함께 향상되는 것을 느낄 수 있을 것이다.

4) 다양한 요소 활용

강의 시작이나 전환 시, 혹은 쉬는 동안 짧은 배경 음악, 긍정적인 메시지를 전달하는 영상, 또는 에너지 넘치는 클립 등을 활용하여 분위기를 전환하는 것도 방법 중 하나이다.

강의 대상에 따라 슬라이드의 분위기를 구성하고 필요에 따라 유쾌한 요소가 반영된 컬러풀한 인포그래픽 등을 활용하는 것도 에너지를 전달할 수 있다.

강의를 진행하며 학습자들의 반응을 모니터링하도록 하자. 강의의 분위기가 다운이 된다면 미리 준비한 요소를 제공하여 조절하는 방법을 사용해보도록 한다. 다만 에너지 관리는 강의 전체 흐름에 지장을 주지 않는 선에서, 적절한 시간 배분과 균형을 유지하는 것이 중요하다는 사실을 기억한다. 연령, 직업군, 경험에 따라 에너지를 활기 있게 만들 수 있는 다양한 유형의 방법을 준비하여, 상황에 따라 학습자가 효과적으로 참여할 수 있도록 한다.

강의에 대한 몰입도가 지속되는 것은 상당히 중요하다. 강사의 에너지와 열정이 잘 전달될 수 있도록 나만의 방법을 찾아가는 시간을 마련하길 바란다. 학습자들이 끝까지 집중하고 적극적으로 참여하도록 만드는 것을 목표로 하고, 학습자에게 긍정적인 강의 경험을 제공할 수 있도록 하는 것이다. 이러한 과정은 강의 전반의 만족도와 신뢰도를 높이는 데 기여한다. 나만의 노하우를 통해 강의가 더욱 생동감 있고 효과적으로 진행될 수 있기를 바란다.

7

피드백을 보고 필요시 조정하기

> 계획대로 되지 않을 때
> 당황하지 않고 대응하기

✒ ■ 피드백의 중요성과 역할

피드백은 강의 현장에서 계획대로 진행되지 않는 상황이나 예상치 못한 문제에 대해 신속하게 대응할 수 있는 중요한 도구이자 방법이다. 일방적으로 전달하는 강의를 고수하게 되면 이러한 부분을 쉽게 놓치게 된다. 강의 진행 중 학습자들의 반응이나 질문, 표정 등을 살펴보며 적절하게 질문을 하거나, 요청하는 사항을 파악해 피드백을 제공하는 것은 중요하다. 또한 학습자의 피드백에 당황하지 않고 잘 대응하여 반응하는 것도 중요하다. 피드백은 강사를 질타하거나 비난하는 것이 아님을 알고 학습자들의 이해도와 관심도를 높일 수 있도록 적절하게 반영해 나가는 태도를 취하는 것이 필요하다. 예상과 다른 상황이 발생했을 때 피드백을 토대로 강의 내용을 보완하거나 진행 방식을 변경하면, 학습 효과를 유지하고 학습자들의 만족도를 높일 수 있음을 기억하도록 하자.

■ 효과적인 피드백 활용 전략

1) 실시간 관찰과 수집

학습자들의 표정, 몸짓, 집중도 등을 주의 깊게 관찰하는 것은 강의의 기본적인 요소라고 생각한다. 학습자들의 반응을 통해 강사는 강의 내용이 잘 전달되고 있는지 확인할 수 있다. 중간중간 간단한 질문을 함으로써 학습자들의 이해도를 확인하고, 전체적으로 둘러보며 문제점을 인지하는 것이 원만한 강의 운영에 도움을 줄 것이다.

2) 피드백 반영과 강의 조정

강사의 예상과는 달리 학습자들이 어려움을 겪을 수도 있다. 특정 부분에서 혼란을 겪고 있다면, 해당 내용을 다시 설명하거나 추가 예시를 제공하는 등 잠깐 진행을 멈추고, 해당하는 상황에 대한 보완하는 태도를 취하도록 한다.

때로는 강의를 계획할 때 준비했던 내용이 학습자의 전반적인 수준에 비해 과도하게 높거나 무리가 될 수도 있다. 이러한 경우에는 예정된 강의 내용 중 일부를 생략하거나 재배치하는 등, 상황에 맞게 강의 계획을 조정하여 원활한 진행을 도모한다.

3) 사후 평가와 개선

* **강의 후 피드백 분석** : 강의가 끝난 후 보통 대부분의 기관에서는 학습자들의 강의에 대한 만족도를 조사한다. 담당자에게 별도로 요청하지 않는 경우, 이 내용에 대해 전달하지 않는 경우가 더욱 많다. 하지만 미리 요청하면 어렵지 않게 강의에 대한 만족도 조사 결과 및 피드백 내용을 받을 수 있다. 피드백을 수집하고 분석하여, 해당 강의에 만족하는 부분과 함께 아쉬웠던 점이 있었는지 체크하고 강사로서 앞으로의 강의에 개선할 부분을 도출한다. 이러한 태도는 지속적으로 강의의 질을 향상시키는 데 분명한 도움을 줄 것이다.

4) 강사의 자신감과 태도 유지

계획대로 진행되지 않더라도 당황할 필요는 없다. 돌발적인 요청에도 불편해하지 않도록 하자. 침착하게 상황을 파악하여 대응하면, 학습자들은 오히려 강사에게 신뢰를 느끼고 안정감을 가지게 된다. 간혹 부정적인 (형식의 변경이나 보완을 요청하는) 피드백을 받게 되는 경우, 강사가 당황을 하거나 난색을 표할 수 있다. 하지만 이는 강사로서의 역량을 강화하는 데 중요한 경험이 될 수 있다는 긍정적인 태도로 피드백을 기반한 조정을 통해 강사는 문제 해결 능력을 보여주기를 바란다.

■ 피드백 활용 시 고려사항

학습자뿐만 아니라 동료 강사나 담당자, 지원 스태프의 피드백에도 귀를 기울일 필요가 있다. 강사로서의 자부심과 피드백의 수용은 다른 차원임을 기억하자. 상대의 입장을 공감하고 적극 수용하여 다양한 관점에서 개선점을 도출하고 반영하는 것이 필요하다.

실시간 피드백과 사후 피드백을 모두 중요하게 생각하는 것 역시 중요하다. 실시간으로 오는 빠른 반응에만 대응을 하고, 강의 후에는 크게 개의치 않는 경우, 지속적인 발전을 가지기 어려울 수 있다. 항상 강의 후에는 진행한 내용에 대한 피드백을 수렴하는 시간을 가지도록 한다.

모든 피드백을 수용할 수는 없다. 강사의 계획과 기준이 있음은 항상 전달하되, 필요한 경우, 우선순위를 설정하여 가장 중요한 부분과 필요한 내용에 대해서 차례로 개선해 나간다. 강의 중 피드백을 수용할 수 없는 경우에는 대안을 마련하거나 쉬는 시간 등에 해결할 수 있는 방안을 제안하는 것도 도움이 될 것이다.

학습자, 또는 그 외의 강의와 관련된 인원의 피드백을 통해 강사는 보다 다양한 상황에 유연하게 대응할 수 있는 능력을 함양하고 강의의 전체적인 질과 흐름을 유지할 수 있다. 또한 강의를 듣는 학습자의 입장이 중요한 부분이므로 필요시 즉각적인 보완과 조정을 통해 학습자들이 강의 내용을 명확히 이해하고, 무리없이 학습할 수 있는 상황을 제공하도록 하자.

피드백 및 문제 제기, 요청 상황에 당황하지 않고 효과적으로 대응하는 강사의 모습은 학습자들에게 신뢰와 전문성을 어필할 수 있다. 또한 소통을 하고 있다는 느낌을 주게 되어 강의의 분위기가 긍정적으로 유지될 수 있다. 피드백에 기반한 빠른 대응과 지속적인 개선 노력을 통해, 안정적이고 전문적인 강의를 제공하는 강사로서의 성장을 도모하기를 바란다.

8

스토리텔링, 이야기로 전달하기

복잡한 내용은 스토리를 덧붙여
공감을 유도하기

■ 스토리텔링의 중요성과 역할

스토리텔링은 복잡한 이론이나 데이터를 단순하고 기억하기
쉬운 형태로 재구성하는 강력한 도구가 될 수 있다. 강사에 따라
스토리텔링을 활용하는 방법과 과정은 정말 다양하다. 실제 이
름만 대면 대부분의 사람들이 알고 있는 명강사들의 경우, 강의
내용에 이야기를 덧붙여 학습자들이 쉽게 공감하고, 추상적인
개념을 실제 경험과 연결시켜 이해할 수 있도록 도움을 주곤 한
다. 이야기 속 등장인물이나 상황에 공감하게 되어, 학습자들이
강의 내용을 더욱 깊이 받아들일 수 있는 힘을 지니고 있는 스토
리텔링, 이야기는 기억에 오래 남기 쉽기 때문에, 중요한 개념들
이 장기 기억으로 전환되는 데 도움을 준다. 또한 어려운 이론이

나 데이터도, 구체적 사례와 스토리로 풀어내면 학습자들이 보다 쉽게 이해되고 적용할 수 있음을 기억하고 적절히 활용해 보기를 추천한다.

■ 효과적인 스토리텔링 전략

1) 관련 사례와 경험 공유

강의 주제와 관련된 실제 사례나 에피소드, SNS의 영상 등을 활용하여, 학습자들이 구체적인 상황에서 개념을 체득할 수 있도록 한다. 강의 중 대화를 하는 것이 자연스러운 강사라면, 개인적인 경험이나 도전 과정을 공유하는 것도 친밀감을 유지하고 전달력을 높이는 데에 도움이 된다. 학습자들이 감정적으로 공감하게 되고 강의에 더욱 몰입할 수 있다.

2) 구조적 스토리 구성

이때 스토리텔링은 강의에 대한 이해도를 높이기 위한 보조적인 도구임을 기억하고 적절한 분량으로 간단하게 삽입하는 것이 좋다. 삼천포로 빠지지 않도록 주의해야 한다는 이야기이다. 이야기의 시작, 중간, 끝이 명확하도록 검토를 한 후, 학습자들이 스토리의 흐름에 따라 자연스럽게 강의 내용을 이해할 수 있도록 한다. 다시 강의로 전환하는 과정을 고려하여 시뮬레이션을 해보는 것도 도움이 된다.

3) 비주얼 자료와 스토리 연계

나의 경우, 슬라이드나 이미지, 영상 등 시각 자료와 함께 스토리텔링을 진행하기도 한다. 강의에 대한 집중도가 흐트러질 때쯤 적절히 활용하면, 학습자들의 태도가 개선될 뿐만 아니라 보다 생생하게 이야기를 듣고 나누며 강의에 대한 관심이 높아진다.

■ 스토리텔링 적용 시 고려사항

항상 강의 주제와 관련성이 높은 내용의 스토리를 선택하는 것이 중요하다. 강의와 관련한 메시지, 스토리를 통해 강의의 주제를 기억하고 연결할 수 있도록 전달의 일관성을 유지한다. 너무 복잡하거나 길지 않은 스토리가 좋다. 학습자들이 스토리로 하여금 강의의 핵심 내용을 쉽게 파악할 수 있도록 한다. 대상 학습자의 연령, 직업군, 경험 등을 고려해, 그들이 공감할 수 있는 스토리를 선택하고, 언어와 표현 방식을 조정한다.

스토리텔링을 통해 강의 내용에 대한 관심을 높이는 것은 강의의 전달과 분위기 유지에 상당한 도움이 된다. 특히 장시간 이어지는 강의의 경우, 이러한 스토리의 적절한 활용으로 강의에 더욱 몰입하는 분위기를 형성할 수 있다. 학습자들이 내용을 쉽게 이해하고 기억할 수 있도록 복잡한 내용도 쉽게 풀어내고 학습자들이 깊이 있는 이해와 공감을 이끌어낼 수 있는 역량을 키워나가도록 하자.

9

마무리 요약

끝맺음을 할 때 오늘 강의를 정리하기

■ 마무리 요약의 중요성과 역할

강의의 마지막 단계에서 효과적인 요약은 학습자들이 핵심 내용을 재확인하고, 전체 강의 흐름을 다시 정리할 수 있도록 돕는다. 강의 초반에는 시간에 쫓겨 후다닥 마무리를 했던 경험도 적지 않다. 이러한 경우가 발생하지 않도록 앞서 이야기했던 준비 과정을 탄탄히 실행하고, 여유 있게 마무리할 수 있도록 시간을 잘 계획하고 운영하는 것이 우선되어야 할 것이다. 마무리 요약은 강의에서 전달한 주요 메시지를 한 번 더 강조하며, 학습자들에게 복습의 기회를 제공하고, 강의 내용을 잘 전달하여 실제 학습자의 필요를 충족할 수 있다.

강의의 핵심 포인트를 명확하게 정리하여, 학습자들이 해당 강의에서 다루었던 주요 내용들을 잊지 않고 기억할 수 있도록 돕는다. 강의의 시작부터 끝까지 모두 다룰 필요는 없다. 주요 내용을 위주로 한 페이지에 요약하여 담고, 함께 살펴보는 과정으로 충분하다. 이는 학습자들이 강의의 큰 개요와 내용을 다시 한번 파악하는 데에 도움을 줄 것이다.

요약 후 학습자들에게 추가 질문이나 피드백을 유도하여, 강의에 대한 이해도를 확인하고 보완할 수 있는 시간을 마련한다.

↗ ■ 효과적인 마무리 요약 전략

1) 핵심 포인트 정리

강의에서 다룬 주요 개념과 핵심 메시지를 간결하고 명확하게 정리한다. 이때는 텍스트와 구두 설명보다는 키워드와 그래픽 등을 적절한 애니메이션을 활용하여 제공하는 것이 도움이 될 수 있다. 중요한 단어나 문장 등을 강조하여, 학습자들이 쉽게 복기할 수 있도록 한다. 강의의 핵심 메시지를 담은 이미지나 아이콘을 사용해, 요약 내용을 직관적으로 전달한다.

2) 참여형 요약 진행

강의 종료 전에 질문의 시간을 잠시 가져보는 것도 좋다. 학습자들에게 부담이 되지 않는 수준의 강의에 대한 피드백을 요청하는 등의 질문을 던져, 스스로 내용을 되새길 수 있도록 유도

한다. 이때, 짧은 퀴즈 등을 통해 강의의 핵심 내용을 복습하고, 학습자들이 얼마나 이해했는지 확인할 수 있도록 하면 즐거운 분위기에서 자연스럽게 마무리하는 데에 도움이 될 것이다.

3) 향후 학습 안내

나의 경우, 강의와 관련된 추가 자료나 복습에 도움이 되는 영상이나 도서, 디지털 도구 등을 소개하기도 한다. 강의가 끝나더라도 학습자들이 스스로 내용에 지속적으로 관심을 가질 수 있는 방법을 제시한다. 일회성이 아닌 다회차 강의의 경우, 다음 강의의 주제나 목표를 간단히 언급하여 학습자들의 기대감을 높인다.

강의의 마무리는 정말 중요하다. 유종의 미라는 말이 있는 것처럼 마무리를 하는 과정까지 최선을 다하는 모습을 보여주도록 하자. 전체 강의의 흐름을 재확인하고 정리함으로써, 강의가 체계적으로 마무리한다면, 학습자들에게 긍정적인 인상을 남길 수 있다. 강의 마무리 단계의 목표는 최종 단계를 효과적으로 종료하고, 학습자들이 강의에서 배운 내용을 체계적으로 정리하여 기억할 수 있도록 기회를 제공하는 것이다.

10

강의 후의 활동에 대한 조언과 팁

강의가 끝나도 지속할 수 있는
작은 미션 안내하기

■ 강의 후 활동의 중요성

강의가 끝난 후, 학습자가 강사에게 다가와 추가적인 질문이
나 요청을 하는 경우도 있다. 끝나고 시간에 쫓기듯 강의장을 이
탈하기보다는 전체적으로 둘러보고 시간적 여유를 가지고 마무
리를 하는 것을 추천한다. 학습자가 지속적으로 내용을 복습하
고 적용할 수 있도록 지원하는 것은 학습 효과를 극대화하는 데
매우 중요하다. 후속 활동은 학습자가 강의에서 배운 지식을 실
제 생활이나 업무에 적용할 수 있도록 도와주며, 강의의 여운을
길게 남겨 긍정적인 학습 경험을 확산시키고, 이후의 강의로의
연결에도 긍정적인 역할을 할 것이다.

강의 종료 후에 학습자가 개별적으로 할 수 있는 복습 및 응용할 수 있는 과제를 전달하는 것도 좋다. 후속 활동은 학습자들이 강의에서 다루었던 내용을 다시 다루게 되어 강사의 실질적인 목표라고도 할 수 있는 학습자의 이해와 적용, 긍정적 효과 등에 직접적인 영향을 미칠 수 있게 된다.

나의 경우 강의 후 미션 수행 결과를 공유하고 피드백을 주고받는 과정을 마련하기도 한다. 특히 학습자들이 적극적인 태도로 후속적인 관계를 유지하고 싶어 하는 경우가 종종 있는데, 이러한 경우, 다수의 의견을 반영하고, 무리가 되지 않는 선에서 일정 기간을 열어두고 소통을 지속하기도 한다. 이 과정에서는 학습자에게 발전 방향을 제시하며, 도움이 될만한 정보를 주기적으로 전달하는 등 지속적인 성장을 독려하는 정도로 운영하고 있다.

■ 강의 후 활동 구성 전략

1) 간단한 복습 미션 제공
강의 내용의 핵심을 다시 확인할 수 있는 간단한 미션이나 문제 해결 과제를 제시하여, 학습자들이 강의 후에도 복습할 수 있도록 유도한다.

2) 강의 내용 정리

학습자가 스스로 강의 내용을 요약하거나, 결과물을 공유하는 등 주요 포인트를 정리하는 과제를 통해 내용을 강의에서 다루었던 내용을 결과로 도출할 수 있도록 한다.

3) 온라인 커뮤니티 활용

강의 후 학습자들이 자유롭게 질문하고 의견을 나눌 수 있는 온라인 플랫폼이나 SNS 등을 안내하는 것도 좋다. 이러한 과정은 후속 강의의 섭외에도 도움을 줄 수 있다. 또한 다양한 학습자층을 분석하고 파악하여 실제 강의에 반영할 수 있다. 다만 이 과정에서는 학습자들이 자신의 수준과 목표에 맞는 개인별 성장 계획을 세울 수 있도록 하되 강사에게 부담이 되지 않는 선에서 운영하는 것이 필요하다.

강의가 끝난 후에도 후속 활동을 통해 학습자들과 지속적으로 소통하면, 긍정적인 순환을 도모할 수 있다. 또한 강의 후 활동에 대한 조언과 작은 미션 등의 운영으로 나타나는 성과를 SNS에 공유하는 등의 추가적인 방법으로 나만의 강의 스타일, 브랜딩을 할 수도 있다. 강사가 무리가 되지 않는 선에서 카카오톡 오픈 채팅을 운영하거나 블로그, 인스타그램을 활성화하는 경우를 많이 볼 수 있다. 이러한 과정은 강사로서의 브랜딩을 확고히 하고 강의의 효과를 극대화하여, 강사 본인에게 도움이 되는 과정이 될 것이다.

Chapter.4

효율적 강의를 위한
챗GPT 활용 방법

아이디어 브레인스토밍

새로운 아이디어가 필요할 때

■ 아이디어 브레인스토밍의 중요성

챗GPT 등 다양한 AI를 활용하는 것은 현대를 살아가는 모든 이들에게 필수적인 부분이 되었다. 새로운 강의 주제나 콘텐츠, 교육 방법에 대한 아이디어를 지속적으로 도출하는 것은 강사로서의 필수적인 요소이며 이 과정에서 적절한 AI의 활용은 강의의 기획과 구성, 자료 조사 및 다양한 업무 과정에 큰 도움이 된다. AI를 활용해 강의의 혁신과 차별화를 계획해 보자. AI에 의존하라는 것이 아니다. 강사로서의 브랜딩을 계획하고 실행하는 과정부터 강의를 준비하고 운영하는 과정까지 든든한 조력자가 될 수 있음을 알고 활용해 보기를 추천하는 것이다.

새로운 아이디어는 기존에 고수하던 강의 방식에 신선한 변화를 불어넣을 수 있고, 학습자들의 흥미 유지에도 도움이 된다. 챗GPT에 강사로서의 주요 분야 및 강사의 경력 및 정보 등을 전달하고, 강의에 대한 아이디어를 도출할 수 있는 프롬프트를 입력하고, 피드백을 해나가며 나만의 강의 아이디어를 만들어 볼 수 있다. 내가 꿈꾸던 강의의 내용을 AI의 도움으로 보다 탄탄하고 창의적으로 구성할 수 있는 것이다. 또한 강사로서 강의를 어필할 수 있는 다양한 브랜딩과 관련한 스킬에 대해서도 도움을 받을 수 있다. 결론적으로 최신 트렌드와 내용에 대한 프롬프트를 입력하고 계속되는 연구와 도출 과정을 통해 강의 내용과 사례를 풍부하게 만들고, 학습자에게 다양한 학습 경험을 제공할 수 있음을 알고 활용해 보자.

■ 챗GPT 활용 방법

1) 초기 아이디어 도출

강의 주제와 관련된 키워드를 입력하여, 챗GPT로부터 다양한 아이디어와 사례, 최신 트렌드를 빠르게 수집하고 분석한다.

"내 강의 주제는 '[주제명]'야. 이 주제와 관련된 최신 교육 트렌드, 혁신적 사례, 그리고 학습자 참여를 유도할 아이디어 10가지를 정리해줘."

"'[키워드1], [키워드2]'에 대해 강의에 사용할 참신한 아이디어를 도출해줘."

2) 아이디어 목록 정리

챗GPT가 제공한 아이디어와 강사의 강점을 접목하여, 핵심 포인트와 확장 가능한 내용을 정리하고 분류한다.

"챗GPT가 제공한 아이디어를 바탕으로 핵심 포인트와 확장 가능한 내용을 목록으로 만들어줘. 각 아이디어는 주제별로 구분하고, 강사의 강점을 접목한 설명을 덧붙여줘."

"내가 받은 아이디어들을 정리해줘. 우선순위와 실행 가능한 부분을 구분해서 표 형태로 만들어줘."

3) 협업과 피드백 활용

- **동료 및 전문가 의견 수렴** : 챗GPT로부터 도출한 아이디어를 동료 강사나 분야 전문가와 공유하여, 추가 의견과 개선점을 받아 본다.

"내 아이디어 목록에 대해 동료 강사들이나 전문가 의견을 반영할 수 있도록, '이 아이디어에 대한 보완점을 제시해줘'라는 질문 리스트를 작성해줘."

"챗GPT가 도출한 아이디어를 팀과 공유할 때 사용할 피드백 질문 5개를 만들어줘."

4) 다양한 관점으로 분석

기존 강의를 운영하며 아쉬웠던 점이나 어려움이 있었던 문제를 새로운 관점에서 바라보고, 챗GPT를 통해 문제의 다른 측면을 도출하여 다양한 해결 방안을 모색한다.

"내 기존 강의에서 아쉬웠던 점을 새로운 관점에서 바라볼 수 있는 질문을 만들어줘. 예를 들어 '이 문제를 다른 방식으로 해결할 방법은 뭐가 있을까?'라는 질문을 포함해서 여러 각도에서 접근해줘."

"내 강의 운영 중 어려웠던 문제를 다양한 시각으로 분석할 수 있는 아이디어를 5가지 제시해줘."

5) 아이디어 조합

챗GPT 외에도 다양한 AI와 자료 등으로 충분한 조사를 한 후, 아이디어들을 조합하여, 새로운 시너지를 창출하는 강의를 시도해 본다.

"챗GPT 외에 다른 자료들을 참고해서 도출된 아이디어들을 조합해 새로운 강의 콘텐츠 시너지를 만들어줘. 예를 들어 아이디어 A와 아이디어 B를 결합하면 어떤 콘텐츠가 나올 수 있을지 구체적으로 알려줘."

"내가 가진 여러 아이디어를 조합해서 독창적인 강의 방식을 제안해줘. 새로운 시너지 효과를 기대할 수 있는 방법을 3가지 정리해줘."

이때 도출된 아이디어 중 강의 목적과 학습자 요구에 가장 부합하는 아이디어를 선별하고, 우선순위를 설정하여 파일럿으로 테스트 해보는 것을 추천한다. 소규모로 시도해 보고, 학습자 반응과 피드백을 바탕으로 최종 적용 여부를 결정하는 것이 안전

할 수 있다. 이러한 방식으로 트렌드와 기술 발전에 따라 주기적
으로 업데이트하여, 강의의 최신성을 유지하는 것이 강사의 강
력한 무기가 될 수 있다.

　새로운 아이디어를 통해 강의 콘텐츠와 방법에 변화를 주거
나, 강사만의 브랜딩을 해보기를 바란다. 학습자들이 강의보다
강사가 먼저 떠올릴 수 있도록 의도하자. 다양한 아이디어 도출
과 조합 과정은 AI에 대한 의존이 아닌, 강사의 역량 강화의 한
부분임을 기억하고 다양한 대상과 요구에 따른 강의 기획 단계
의 문제 해결 능력을 향상시키고, 새로운 교육 방법을 모색하는
과정으로 한 단계 성장할 수 있기를 바란다. 지속적인 콘텐츠 개
발은 강의 후에도 필수적인 요소이다. 다음에 다시 나를 찾았을
때, 예전과 다름없는 그 강의만을 내세우고 있다면 과연 강사로
서의 매력이 유지될 수 있을지 생각해 보아야 한다. AI는 강사에
게 최고의 도구가 되어 장기적인 성장 동력이 될 것이다. 챗GPT
를 활용한 아이디어 브레인스토밍은 강의 콘텐츠의 혁신과 다양
성을 확보하는 데 핵심적인 역할을 한다는 것을 기억하고 지금
부터 보다 구체적인 방법으로 활용해 보기로 한다.

질의응답

예상 질문 대비하기

✏ ■ 질의응답의 중요성과 역할

강의를 시작하기 전, 강의를 하는 동안, 그리고 마무리를 하는 과정에서 강사가 놓치지 않아야 하는 것 중 하나가 바로 질의응답의 시간이다. 학습자들이 궁금한 점을 해소하고, 추가적인 설명을 듣는 기회를 제공하는 중요한 도구이며 필수적인 요소이다. 이 시간을 통해 학습자는 강의 내용을 자신의 것으로 소화할 수 있으며, 강사는 학습자의 이해도를 직접 확인하여 보다 완성도 높은 강의를 마무리할 수 있다. 이때 강의 전 예상 질문을 대비하는 것이 상당한 도움이 되는데, 챗GPT는 질의응답의 항목과 답변을 예측하여 강사에게 제공하는 능력이 탁월하다. 실제 Q&A를 통해 학습자의 이해도를 즉각적으로 파악할 수 있도록 챗GPT를 활용해 보도록 하자.

질의응답은 강사와 학습자 간의 직접적인 소통을 촉진하여, 상호작용을 강화하고, 이로 하여금 학습자의 참여와 적극적인 학습 태도를 유도하는 역할을 한다. 강사 또한 예상 질문에 대한 대비를 함으로써 긴장을 완화할 수 있고, 강의 중 빠뜨리거나 부족한 부분을 보완하거나, 학습자의 입장에서 어려웠던 부분을 되짚어 전달력을 높일 수 있고, 필요시 심화된 내용을 추가로 설명할 수 있다.

■ 챗gpt를 활용한 효과적인 질의응답 전략

1) 예상 질문 준비
강의 주제와 관련된 일반적인 질문들을 미리 조사하고, 자주 묻는 질문(FAQ)을 작성한다.
"내 강의 주제 '[주제명]'와 관련된 일반적인 질문들을 미리 조사해서 자주 묻는 질문(FAQ) 목록을 만들어줘."

2) 예상 질문 목록 작성
강의 내용에 대한 주요 쟁점, 난해한 부분, 실생활 적용 사례 등에서 예상되는 질문을 목록화하여, 각 질문에 대한 명확한 답변을 준비한다.
"강의 내용에서 주요 쟁점, 난해한 부분, 그리고 실생활 적용 사례와 관련하여 예상되는 질문들을 목록화해줘. 그리고 각 질문에 대해 명확한 답변도 함께 제시해줘."

3) 질문 대비 자료 마련

- **자료와 예시 준비** : 예상 질문에 대해 시각 자료, 사례, 도표 등을 활용해 보다 명확하고 구체적인 답변을 준비한다.

"예상 질문에 대해 설명할 때 사용할 시각 자료, 사례, 도표 등을 준비해줘. 각 질문에 대한 구체적이고 명확한 답변 자료를 함께 만들어줘."

4) 핵심 메시지 정리

질문에 답변할 때 핵심 메시지가 흐트러지지 않도록, 답변의 요점을 미리 정리해두어 일관된 설명을 제공한다.

"각 예상 질문에 대해 답변할 때 흐트러지지 않도록, 핵심 메시지를 요약해서 정리해줘. 답변의 주요 포인트가 한눈에 파악될 수 있도록 해줘."

5) 실시간 질의응답 운영

- **질문 받는 시간 마련** : 강의 중간이나 종료 후에 학습자들이 자유롭게 질문할 수 있는 시간을 확보하여, 실시간으로 대응한다.

"내 강의 중간 혹은 종료 후에 학습자들이 질문할 수 있는 시간을 위한 질문 리스트와 Q&A 운영 방법을 제안해줘. 학습자들이 자유롭게 질문할 수 있도록 하는 구성도 포함해줘."

6) 질문 관리 도구 활용

온라인 강의의 경우, 채팅창이나 전자 칠판, 설문 도구 등을 활용해 학습자들이 질문을 쉽게 제출할 수 있도록 한다.

"온라인 강의 상황에서 채팅창, 전자 칠판, 설문 도구를 활용해 학습자들이 쉽게 질문을 제출할 수 있는 방법과 관련 도구 사용법을 설명해줘."

7) 후속 질의응답과 피드백 반영

* 사후 Q&A 세션 운영 : 강의 후 별도의 Q&A 시간을 마련하거나, 이메일, 온라인 포럼 등에서 후속 질문을 받고 답변함으로써, 학습자의 추가 궁금증을 해소한다.
* 피드백을 통한 개선 : 강의 후 받은 질문과 피드백을 분석하여, 다음 강의 시 보완할 점과 개선 사항을 도출한다.

"강의 후 후속 Q&A 세션을 어떻게 운영하면 좋을지, 별도의 Q&A 시간을 마련하는 방법과 이메일 혹은 온라인 포럼에서 후속 질문을 받고 답변하는 전략을 제안해줘."

"강의 후 받은 질문과 피드백을 분석해서, 다음 강의 시 보완할 점과 개선 사항을 도출하는 방법도 함께 정리해줘."

학습자들의 배경과 수준에 맞춰 예상 질문의 난이도를 예상하고 준비한다. 그리고 강의 주제에서 크게 벗어나지 않는다면 학습자의 관심을 존중하며 다양한 관점에서 질문을 받을 수 있도록 한다. 이때, 질의응답 시간이 강의 전체 시간에 지장을 주지 않도록, 적절한 시간 배분을 해야 하며, 답변을 하는 시간도 체크할 필요가 있다. 모든 학습자가 부담 없이 질문할 수 있도록, 강사는 친근하고 개방적인 태도로 응답하며, 학습자의 의견을 존중하는 분위기를 조성한다.

체계적으로 준비된 예상 질문과 명확한 답변은 학습자들이 강의 내용을 더욱 깊이 이해하는 데 도움을 준다. 질의응답을 통해 강의 중 미흡했던 부분을 보완하고, 추가 설명을 제공함으로써 강의의 전반적인 완성도를 높일 수 있다. 실시간으로 질문을 하는 경우에도 당황하지 않고 응대할 수 있고, 뿐만 아니라 강의 후 질의응답을 통해서도 전문적이고 준비된 강사로서의 모습을 보일 수 있다. 강사와 학습자 간의 지속적인 소통이 이루어지면, 학습자들의 만족도와 참여도가 크게 향상된다. 효과적인 질의응답 대비는 강의의 핵심 내용을 명확히 전달하고, 학습자들이 강의에 대해 충분히 이해하고 참여할 수 있도록 돕는 중요한 전략임을 기억하자. 예상 질문에 대한 철저한 준비와 함께, 지속적으로 강의 내용을 보완해 나가는 것은 강사에게도 아주 중요한 강점이 될 것이다.

3

강의 초안

> 시간 절약하는 초안 기획

✎ ■ 강의 초안의 중요성

효과적인 강의 준비는 철저한 기획에서 시작된다. 현장에서 어떤 강의를 할지 그림을 그린 후, 강의를 구체적으로 작업하기 시작한다. 강의의 목표와 대상, 기관에서 요청하는 내용 등 전반적인 내용을 검토하고, 기획을 한 내용을 초안에 담아야 한다. 강의 초안은 전체 강의의 큰 그림을 빠르게 구현할 수 있도록 도와주며, 불필요한 수정 작업을 줄여 시간과 노력을 절약할 수 있도록 한다. 초안을 통해 주요 아이디어와 구성 요소를 미리 정리하면, 최종 강의 자료 제작 시 불필요한 수정과 재작업을 줄일 수 있다. 또한 강의의 흐름과 논리적 구조를 한눈에 파악할 수 있어, 효과적인 내용의 전달이 가능해진다. 초안 단계에서는 다양한 방향으로 강의를 확장해 나갈 수 있음을 기억하고, 초안을 기준으로 여러 가지 강의에 도입하고 싶은 아이디어를 자유롭게 수집하고, 이를 조합하여 창의적인 강의 콘텐츠를 발전시켜 나가기를 바란다.

■ 강의 초안 작성 전략

1) 아이디어 도출과 구성

강의 주제와 관련된 핵심 아이디어를 자유롭게 나열한 후, 이를 그룹화하여 큰 틀의 흐름을 잡는다. 브레인스토밍 과정은 보다 창의적으로 강의의 방향을 계획해 나가는 데 도움이 된다. 고정관념에서 벗어나, 나의 강의 콘텐츠를 어떻게 개발해 나갈 것인지에 대한 고민을 해결해 줄 수 있을 것이다. 강의와 관련된 핵심 키워드를 중심으로 주요 내용을 요약하고, 각 부분에 대한 간략한 설명을 덧붙여 나가며 아이디어를 정리하자.

2) 세부 목차 및 흐름 구성

강의에 대한 아이디어를 확정한 후, 강의 초안의 작업을 시작한다. 목차를 통해 강의 전반의 큰 틀을 세분화하여, 각 파트의 제목과 하위 항목을 구체적으로 정리한다. 이 과정에서도 앞서 언급한 스토리보드는 상당히 효과적인 도구로 작용할 것이다. 스토리보드를 작성하여, 강의 각 단계의 전개와 전환 구간을 시각적으로 확인하며 구성해 본다.

3) 시간 관리와 자료 배분 계획

각 강의 파트와 활동에 할당할 시간을 미리 정하고, 강의 초안에 반영한다. 강의를 하는 각각의 슬라이드, 교안에서 다루고 설명하는 과정, 혹은 실습을 하는 과정의 시간까지 계산하여 배분한다.

4) 강의 자료 및 도구 준비

강의 진행에 필요한 자료와 도구를 목록화하여, 강의 현장에서 빠뜨리지 않도록 준비하는 것도 중요하다. 나의 경우, 강의용(업무용) PC, 기타 도구, 가방 등을 따로 구비하여, 이 과정에 대한 시간을 최소화하고 있다. 추가로 필요한 부분이 있다면 그 내용에 대해서만 체크하면 되기에 보다 효율적으로 관리할 수 있다.

5) 피드백 및 수정 과정

초안을 공유하여, 동료 강사나 담당자로부터 피드백을 받기 전, AI의 도움을 받을 수 있다. 어떤 프롬프트를 입력하느냐에 따라 결과가 달라지기 때문에 명확하고 구체적으로 내가 필요한 부분을 담아서 요청하도록 하자. 그리고 피드백을 반영하여 초안을 보완함으로써, 최종 강의 자료의 완성도를 높인다.

초안은 최종 강의의 가장 중요한 뼈대이다. 그러므로, 언제나 수정과 보완이 용이하도록 유연한 구조로 작성하는 것이 좋다. 나의 경우는 초안 템플릿을 기본으로 구성해 두고, 강의를 제안

받을 때마다 초안 템플릿을 기본으로 새롭게 기획하는 주제와 내용을 반영해 강의 교안을 작업하고 있다. 초안은 강의의 상세한 내용을 모두 담는 것이 아니다. 시간 절약을 위해 불필요한 내용은 배제하고, 강의의 핵심 메시지와 주요 사례에 집중한다.

강의 초안을 작업하는 과정은 강사의 강의를 분명하고 명확하게 드러낼 수 있도록 도와준다. 또한 강의를 준비하는 과정에서 가장 중요한 학습자에게 전달될 교안 즉 강의에 사용할 강의의 교안 등 최종 자료 제작에 소요되는 시간을 크게 줄일 수 있다. 초안 작성 과정에서 강사는 강의의 전체 흐름과 메시지가 일관되게 정리할 수 있게 된다. 강의 진행 중 학습자들이 핵심 내용을 쉽게 따라갈 수 있도록 강의 내용을 보다 체계적으로 구성할 수 있다. 초기 단계에서 다양한 아이디어를 자유롭게 시도하고, 이를 정리하면서 창의적인 강의 콘텐츠가 탄생할 수 있으므로, 초안 템플릿을 먼저 구성해 보자. 강의 초안은 이후에 계속될 강의에 대한 시간과 노력을 절약하면서도 효과적인 강의 구성을 위한 핵심 단계임을 기억하고 나만의 강의를 만들어 나갈 수 있기를 바란다.

다양한 사례 분석

수강생에게 필요한 다양한 사례를 조사

■ 사례 분석의 중요성

강의에 다양한 사례를 도입하면, 학습자들이 이론적 개념을 보다 쉽게 이해할 수 있다. 또한 실제 상황에 적용하는 방법에 대해서도 잘 알 수 있다. 사례는 강의 내용을 생생하게 전달하며, 복잡한 개념을 구체적인 예시로 풀어내어 학습자들이 보다 명확하게 개념을 체득할 수 있도록 돕는다. 그래서 나의 경우에도 학습자들의 배경과 상황에서 쉽게 공감할 수 있는 내용의 사례를 도입 부분이나 강의의 중간중간에 다루고 있고, 이 과정을 통해 학습자들의 참여도와 몰입도가 높아지는 것을 느낄 수 있다. 또한 사례를 통해 강의에서 다루고 있는 내용 및 이론이 실제 업무나 일상에서 어떻게 활용되는지 보여주는 것도 좋은 방법이다. 여러 사례를 분석하면 강의 주제에 대한 다각도의 접근이 가능해진다. 학습자에 대한 이해를 바탕으로 강사는 폭넓은 시각을 가지는 것이 중요하다.

■ 사례 분석 전략

1) 관련 자료 수집

- **다양한 출처 활용** : 신뢰할 수 있는 책, 논문, 온라인 기사, 그리고 산업 보고서 등 다양한 자료를 통해 사례를 수집한다. 이때 업계 동향이나 최신 기술, 성공 및 실패 사례 등을 조사하여, 최신 정보가 반영된 사례를 선택한다.

2) 사례의 분류와 정리

강의 주제와 관련된 사례들을 유사한 특성이나 문제 해결 방식에 따라 분류하고, 각 그룹별로 핵심 메시지를 도출한다. 각 사례에서 중요한 요소, 문제 상황, 해결 과정 및 결과를 요약해 정리하고, 이를 강의 자료로 시각화한다.

3) 비교 분석 및 토론 유도

사례들을 비교 분석하여, 공통점과 차이점을 도출하고, 이를 통해 학습자들이 강의 주제에 대한 주요 사항을 쉽게 이해할 수 있도록 도와줄 수 있다. 사례를 분석하는 과정에서 학습자들에게 질문을 던지거나 소그룹 토론을 진행하여, 각 사례에 대한 다양한 해석과 의견을 공유하는 것도 좋은 방법이 될 것이다.

4) 실제 적용 방법 제시

사례를 기반으로, 학습자들이 직접 문제 해결 방안을 모색할
수 있는 실습 과제를 마련하는 것은 학습자에게 상당한 도움이
될 것이다. 사례를 다루며 학습하게 된 내용을 학습자의 실제 업
무나 일상에 어떻게 적용할 수 있는지 구체적인 전략과 팁을 제
공한다.

사례의 난이도와 전문성을 학습자들의 배경과 수준에 맞게
조정하여, 모두가 쉽게 이해하고 적용할 수 있도록 한다. 사례의
신뢰성을 위해 자료의 출처를 명확하게 밝히고, 검증된 정보를
사용하는 것이 중요하다. 강의 내용과 직접적으로 연결되는, 현
실적이고 실제적인 사례를 중심으로 분석하여 학습자들의 공감
대를 형성하도록 한다. 실제 사례를 통해 강의 내용이 생생하게
전달되면, 학습자들은 강의에 대한 흥미와 학습 의욕을 지속적
으로 유지할 수 있다. 학습자들이 이론을 실제로 적용할 수 있는
통찰력을 제공하는 강의를 제공하자.

토론과 스터디

토론을 하거나 의견을 낼 수 있는
스터디 주제 선정

■ 토론 및 스터디 형식의 강의 운영

  강의의 성격마다 다르지만 이론 전달형의 강의가 아닌 토론 식의 강의 방식이 효과적인 주제를 맡게 되는 경우도 있다. 나의 경우, 다양한 강의의 형식을 경험하는 것 역시 강사로서의 성장에 도움이 된다고 생각하고 임하고 있다. 토론 및 스터디 형식의 강의는 강의 학습자들이 서로의 관점을 공유하며 강의 내용에 대해 직접적으로 참여하고, 비판적 사고를 기를 수 있다는 장점이 있다. 단순히 강의를 듣는 것을 넘어, 학습자들이 주제에 대해 토론하고 자신의 생각을 표현함으로써 내용을 보다 깊이 이해할 수 있다.

■ 효과적인 토론 및 스터디 구성 전략

1) 주제 선정 및 준비

강의 내용 중 토론하기 적합한 문제를 선정하여, 학습자들이 다양한 의견을 나눌 수 있도록 한다. 토론 전 관련 자료나 사례, 질문 목록 등을 제공해 학습자들이 충분히 사전 준비를 할 수 있도록 유도한다.

2) 토론 진행 방식

학습자들을 그룹으로 나누어, 각 그룹 내에서 토론을 진행하고, 이후 전체 발표를 통해 다양한 의견을 공유한다. 이때 발표를 하는 과정도 다양하게 운영할 수 있다. 주제의 내용과 형식에 따라 여러 가지 방법을 연구하고 시도하는 것을 추천한다. 이때 학습자 간 존중과 공감의 분위기에서 의견을 나눌 수 있도록, 사전에 토론 규칙을 명확히 설정하고 공유한다.

2) 과제 및 발표

토론 및 스터디 후, 소그룹 또는 개인별로 과제를 수행하고 발표하도록 하는 시간을 가지기도 한다. 이때 주제에 대한 이해를 심화하고, 강사의 피드백을 통해 보완한다면 학습자들은 실직적인 팁과 구체적인 도움을 받을 수 있게 된다.

학습자의 배경, 직업, 전공, 경력, 관심사 등이 다를 수 있으므로, 토론 주제와 자료를 학습자의 관심과 흥미에 적합한 것으로 수준을 조절하여 제공하는 것이 좋다. 강의 전체 시간 내에서 효율적으로 운영될 수 있도록, 토론과 스터디 운영의 시간을 배분하고 모든 학습자가 자유롭게 의견을 표현할 수 있는 분위기를 유지하는 것이 중요하다. 토론과 스터디식의 강의는 학습자들 간의 유대와 상호작용이 강화하는 데 도움을 준다. 이 과정에서 문제에 대해 주체적으로 사고하고 해결해 나갈 수 있으며, 강의의 내용이 일상과 업무에 자연스럽게 적용됨을 학습자들이 스스로 느끼게 될 것이다. 체계적으로 구성된 토론 주제와 스터디 형식의 과정은 강의의 효과를 극대화할 수 있는 효과적인 도구임을 기억하고 활용해 보자.

복잡한 개념 단순화, 이해

어려운 개념을 쉽게 설명하는 방법

■ 복잡한 개념 단순화의 중요성

복잡한 이론이나 전문 용어가 포함된 개념을 학습자에게 쉽게 전달하는 것은 강사의 전문성을 보여줄 수 있는 기본적인 역량이라고 생각한다. 전문가는 복잡한 개념이나 과정, 전문 용어를 학습자의 이해 수준을 고려하여 전달하고 설명할 수 있는 것이다. 이것은 강의의 핵심 과제 중 하나이다. 복잡한 내용을 단순화하면 학습자들이 더욱 쉽게 이해하고, 이를 실제 상황에 적용할 수 있도록 도와줄 수 있다. 복잡한 개념을 간결하게 풀어설명하면, 학습자들이 핵심 포인트를 빠르게 파악할 수 있다. 또한 학습자들이 자신감을 가지고 학습에 참여할 수 있으며, 지속적인 학습 의지를 높인다.

■ 효과적인 개념 단순화 전략

1) 비유와 예시 활용

어려운 개념을 일상생활의 친숙한 사례나 비유를 통해 설명하여, 학습자들이 쉽게 공감할 수 있도록 한다. 실제 사례나 간단한 예시를 들어, 추상적인 개념을 구체적으로 풀어낸다.

2) 단계적 설명 방법

복잡한 개념을 설명할 때 기본 개념부터 차근차근 소개한 후, 점차 심화된 내용을 추가한다.

개념 설명을 여러 단계로 나누어, 각 단계마다 핵심 요소를 정리하고 다음 단계로 자연스럽게 이어지도록 하는 것도 좋은 방법이다.

3) 시각 자료의 활용

복잡한 관계나 프로세스를 설명해야 한다면 시각적으로 표현하여, 학습자들이 한눈에 전체 구조를 파악할 수 있도록 도와주도록 하자.

또한 개념의 변화나 흐름을 동영상이나 애니메이션으로 보여주면, 시간에 따른 개념의 발전을 쉽게 이해할 수 있다.

4) 간결한 언어와 명료한 표현

전문 용어 대신 이해하기 쉬운 평이한 언어로 개념을 설명하며, 불필요한 복잡한 표현을 피한다. 설명의 중심이 되는 핵심 포인트를 반복하여 강조하고, 중요한 부분은 별도의 요약으로 정리한다.

학습자의 배경과 이해도를 고려하여, 설명의 난이도와 세부 내용을 조절해야 한다. 복잡한 개념, 어려운 수준의 내용을 쉽게 이해하고 적용할 수 있도록 직관적으로 설명할 수 있는 연습을 해야 한다. 학습자들이 핵심 포인트를 쉽게 이해하고 기억할 수 있도록 하여, 실제 상황에 적용할 때 도움이 되는 강의를 준비하자. 어려운 내용을 쉽게 소화하고 실제로 활용할 수 있는 강의가 좋은 강의라고 생각한다. 학습자에게 도움이 되는 강의가 될 수 있도록 다양한 비유, 시각 자료, 단계적 설명 등을 적절히 활용하여 강의의 질을 높이도록 하자.

7

복습용 질문 제공, 강의 후의 학습 연장선

학습자에게 복습할 수 있는
질문이나 활동 제공

■ 복습용 질문 제공의 중요성

강의가 끝난 후 학습자들이 배운 내용을 스스로 복습하고 내재화할 수 있도록 돕는 것은 학습 효과를 지속적으로 강화하는 핵심 전략이다.

- **지식 확장 및 정리** : 복습용 질문은 강의 내용을 정리하고, 학습자들이 핵심 개념을 다시 한번 되새길 수 있도록 유도한다.
- **자기 평가 기회 제공** : 스스로 질문에 답하며 학습 성취도를 확인하고, 부족한 부분을 보완할 수 있는 기회를 마련한다.
- **학습 연장선 확보** : 강의 후 추가적인 활동이나 질문을 통해

학습자들이 계속해서 주제에 대해 고민하고, 깊이 있는 이해를 이어갈 수 있다.

■ 효과적인 복습용 질문 제공 전략

1) 질문 목록 작성 및 배포

- 핵심 포인트 기반 질문 : 강의에서 다룬 주요 개념, 사례, 이론에 대해 학습자들이 스스로 생각해 볼 수 있는 질문을 준비한다.
- 다양한 난이도의 질문 구성 : 기초적인 이해를 확인하는 질문부터 심화적인 사고를 유도하는 질문까지 다양한 난이도의 질문을 마련하여, 모든 학습자가 참여할 수 있도록 한다.

2) 인터랙티브 복습 활동 도입

- 온라인 퀴즈 및 설문 조사 : 강의 후 온라인 플랫폼을 활용하여 간단한 퀴즈나 설문 조사를 진행, 학습자들이 실시간으로 자신의 이해도를 확인할 수 있도록 지원한다.
- 토론 및 소그룹 리뷰 : 복습용 질문을 주제로 소그룹 토론을 진행하여, 학습자들이 서로의 답변과 의견을 공유하며 심화 학습을 도모할 수 있도록 한다.

3) 복습 자료 및 추가 학습 연계

- **요약 자료와 함께 제공** : 강의 내용을 요약한 자료와 함께 복습 질문을 배포하여, 학습자들이 핵심 개념을 쉽게 복습할 수 있도록 한다.
- **추가 학습 자료 추천** : 질문에 대한 답변을 보완할 수 있는 참고 자료나 심화 학습 동영상을 함께 제공하여, 학습자가 스스로 추가 학습을 진행할 수 있게 한다.

4) 지속적인 피드백 및 평가

- **자기 평가 및 피드백** : 학습자들이 복습용 질문에 대한 답변을 작성한 후, 강사나 동료 학습자들로부터 피드백을 받아 자신의 이해도를 점검할 수 있도록 유도한다.
- **정기 복습 세션 운영** : 주기적인 복습 세션이나 Q&A 시간을 마련하여, 학습자들이 지속적으로 강의 내용을 복습하고, 궁금한 사항을 해결할 수 있는 환경을 제공한다.

■ 학습자 다양성 반영

학습자의 배경, 전공, 경험 등을 고려해, 복습 질문의 난이도와 형식을 다양하게 구성한다. 복습 질문은 학습자가 쉽게 접근하고 답변할 수 있도록 간단하면서도 핵심을 짚는 방식으로 구성해야 한다. 단순한 반복이 아닌, 학습자가 자신의 성장을 체감할 수 있도록 긍정적인 피드백과 보상을 함께 제공한다.

복습용 질문과 활동은 학습자들이 강의 내용을 반복적으로 복습하게 하여, 장기 기억으로 전환하는 데 기여한다. 스스로 질문에 답하며 자신의 이해도를 점검하고, 부족한 부분을 보완하는 과정을 통해 학습자의 자기 주도 학습 역량이 향상된다. 강의 후에도 질문과 토론, 복습 활동을 통해 학습자들이 계속해서 주제에 관심을 갖고 학습을 이어갈 수 있는 기반이 마련된다. 복습용 질문 제공은 강의 후에도 학습자가 지속적으로 강의 내용을 되새기고 응용할 수 있도록 돕는 중요한 교육 전략이다. 체계적이고 다양하게 구성된 복습 활동은 학습 효과를 극대화하고, 강의의 여운이 오래도록 유지될 수 있도록 지원한다.

8

최신 정보와 트렌드 조사

강의에 최신 정보와 트렌드를 반영하기

↗ ■ 최신 정보와 트렌드 조사의 중요성

강의 내용은 시대의 변화와 최신 기술, 동향을 반영해야 한다. 도태되는 강의는 더 이상 찾지 않는다. 유튜브와 인스타그램, 페이스북 등 다양한 플랫폼을 통해서 이러한 사실은 쉽게 알 수 있다. 디지털 시대를 살아가는 우리는 누구보다 빠르고 쉽게 상당한 양의 다양한 정보를 습득할 수 있다. 그렇다면 학습자들이 강의를 통해 얻고자 하는 것은 무엇일까? 강의를 의뢰하는 기관은 무엇을 이유로 강의를 요청하는 것일까? 이러한 정보의 홍수 속에서 학습자에게 적합한 정보의 습득, 기술 혹은 능력을 향상시키기 위함일 것이다. 학습자들에게 실질적인 가치를 제공하는 것이 강의의 기본 목표가 되어야 한다. 최신 정보로 강의의 신뢰성을 높이고, 학습자들이 변화하는 환경에 능동적으로 대응할 수 있도록 도와주는 강사로서의 성장을 준비하자.

최신 트렌드와 사례를 강의에 포함시키면, 학습자들은 강의 내용이 실제 현장에서 어떻게 적용되고 있는지를 이해할 수 있다. 지속적으로 업데이트되는 정보와 트렌드를 반영하면, 강의의 전문성과 신뢰도가 크게 향상되는 것은 물론 학습자의 입장에서 현업에서 필요한 기술과 지식을 습득할 수 있고, 학습 동기와 참여도를 높일 수 있다.

■ 효과적인 최신 정보와 트렌드 조사 전략

1) 다양한 정보 출처 활용

- **전문 서적 및 학술 자료** : 최신 연구 결과와 이론을 반영한 서적, 학술 논문, 산업 보고서를 참고하여 신뢰할 수 있는 정보를 확보한다.
- **온라인 미디어 및 뉴스** : 공신력 있는 언론, 전문 블로그, 산업 동향 보고서, 그리고 관련 포럼을 통해 최신 정보를 수집한다.
- **SNS 및 커뮤니티** : 트위터, 링크드인, 전문 커뮤니티 등에서 실시간으로 공유되는 업계 동향과 새로운 아이디어를 파악한다.

2) 정보 정리 및 분석

- **핵심 포인트 요약** : 수집된 최신 정보를 주제별로 정리하고, 핵심 내용과 관련 사례를 요약하여 강의 자료에 통합한다.
- **비교 분석** : 기존 강의 내용과 최신 정보를 비교 분석하여, 업데이트가 필요한 부분을 식별하고 보완한다.

■ 실시간 업데이트 반영

- **주기적 자료 검토** : 강의 전, 중, 후에 최신 정보를 지속적으로 검토하고, 필요시 강의 자료를 최신화한다.
- **유연한 강의 구성** : 최신 동향에 따라 강의 내용의 일부를 모듈화하거나 보충 자료로 제공하여, 학습자들이 변화하는 환경에 적응할 수 있도록 돕는다.

■ 최신 트렌드 활용 사례 도출

- **실제 사례 분석** : 최신 기술, 산업 동향, 시장 변화 등을 반영한 사례 연구를 도입해, 학습자들이 실제 적용 방법을 모색할 수 있도록 한다.
- **토론 및 질의응답 연계** : 최신 정보에 대해 학습자들과 토론하거나 질의응답 시간을 마련하여, 최신 트렌드의 의미와 활용 방안을 심도 있게 논의한다.

최신 정보를 사용할 때는 출처의 신뢰성을 반드시 확인하고, 공신력 있는 자료만을 선택해야 한다. 학습자들의 수준에 따라 정보를 간략하게 요약하거나, 심화 내용을 추가로 제공하는 등 맞춤형 자료를 준비하여 보완하도록 한다. 강의 내용이 빠르게 변화하는 분야일 경우, 정기적으로 강의 자료를 업데이트하여 학습자들에게 최신 정보를 제공하는 것이 중요하다. 나의 경우에도 디지털 분야의 강의를 주로 하고 있는데, 시스템이나 환경 등이 변경될 때 놓치지 않고 체크하고 강의에 반영하고 있다. 학습자보다 느린 강사가 되어서는 안 된다는 사실을 항상 기억하고 지속적으로 연구하는 것이 중요하겠다. 강의의 내용과 방향을 최신으로 유지하고, 학습자들이 실제 환경에서 유용하게 활용할 수 있는 지식을 제공하는 강사로서 자리매김하기를 기대한다.

9

추가 학습 자료 작성 지원

챗GPT로 수강생이 좋아할 만한
학습 자료를 제작

↗ ■ 추가 학습 자료 작성의 중요성

강의 내용을 보완하고, 학습자들이 스스로 심화 학습을 이어
갈 수 있도록 돕는 추가 학습 자료는 학습 효과를 높이는 데 도
움이 된다. 강의를 하다 보면 간혹 추가로 참고할 수 있는 자료,
학습에 도움이 될 만한 자료 등을 요청하는 학습자들이 있다. 챗
GPT를 활용하면 학습자들이 관심을 가질 만한 다양한 자료를
신속하게 제작할 수 있으며, 이를 통해 강의의 지속적인 학습 지
원과 자기 주도 학습을 촉진할 수 있다.

추가 자료는 강의 내용의 핵심 개념을 보완하고, 학습자들이
보다 깊이 있는 이해를 할 수 있도록 도와주는 내용으로 구성한
다. 학습자가 스스로 활용할 수 있는 자료는 강의 후에도 학습

동기를 유지하게 하며, 긍정적인 피드백을 유도하므로 귀찮은 업무라고 생각하기보다는 강의의 완성도에 기여를 하는 중요한 과정이라고 생각하기를 바란다.

■ 효과적인 추가 학습 자료 작성 전략

강의 핵심 내용을 요약한 자료나 학습 가이드를 제작하여, 학습자들이 복습과 정리를 쉽게 할 수 있도록 지원한다. 나의 경우, 교안을 요청하는 기관이 대다수이지만 그렇지 않은 기관도 있을 수 있다. 그럼에도 항상 지참하는 것이 강의 내용을 요약한 매뉴얼북이다. 전체 강의에 대해 흐름을 알고 주요 포인트를 보기 쉽도록 구성하여 학습자의 반응과 만족도도 높은 편이다. 또한 강의 내용을 바탕으로 다양한 난이도의 문제나 퀴즈를 만들어, 학습자가 스스로 자신의 이해도를 점검할 수 있게 하는 것도 강의 중 즐거운 요소로 작용할 수 있다. 지루할 수 있는 부분에 퀴즈나 미션 등을 제안하여 분위기를 환기한다.

■ 챗GPT 활용 방안

챗GPT를 이용해 특정 주제에 대한 요약, 문제, 또는 추가 설명 자료를 자동으로 생성하고, 이를 편집하여 학습자에게 제공할 서브 자료로 활용한다.

학습자들이 자주 묻는 질문(FAQ) 형식의 자료를 작성하여, 학습자들이 주로 궁금해하는 내용에 대한 해결 과정을 보다 쉽게 확인할 수 있도록 구성한다.

이러한 자료를 작업할 때에는 복잡한 데이터를 시각적으로 표현한 인포그래픽이나 차트, 도표 등을 포함시켜, 학습자들이 정보를 한눈에 파악할 수 있도록 돕는 것이 좋다.

다양한 플랫폼에서 쉽게 접근할 수 있도록, PDF, 온라인 문서, 또는 클라우드 기반 학습 자료 형태로 제공할 수도 있다.

강의 주제나 관련 분야의 최신 동향에 따라 자료를 주기적으로 수정·보완하여, 강사로서 항상 최신 정보를 숙지할 수 있도록 한다.

대상 학습자의 나이, 배경, 전공이나 직업, 수준, 관심사에 맞춰 자료의 난이도와 내용을 조정하는 것이 중요하다. 챗GPT가 제공한 초안을 기반으로 하되, 강사가 직접 검토하고 편집하는 과정은 필수이다. 정확성과 신뢰성을 확보한 후, 학습자들이 자료를 쉽게 활용할 수 있도록 구성한다.

추가 학습 자료는 강의 후에도 학습자들이 자율적으로 학습을 이어갈 수 있는 기반을 제공하며 강사로서도 강의와 관련된 후속 연구를 하는 데 도움을 받을 수 있다. 학습자는 자료를 통해 반복 학습과 스스로의 학습 평가를 위한 자료로 활용할 수 있을 뿐만 아니라 강의 내용을 실제 본인의 필요 분야에 적용할 수 있다. 즉, 강의를 듣는 목적을 달성할 수 있도록 도와주는 궁극적인 요소로 작용하는 것이다. 챗GPT를 활용한 추가 학습 자료 작성 지원은, 강의 내용의 보완과 학습자들의 지속적 성장을 위한 중요한 전략이 될 수 있음을 기억하고, 체계적이고 다양한 형태의 자료를 제공하는 방법을 생각해 보길 바란다.

10

교안 구성

전달력이 높은, 수강생 수준에 적합한
개요와 구성

✒ ■ 교안 구성의 중요성과 역할

교안은 강사의 가장 중요한 도구이다. 강사가 강의를 진행하
며 필수적으로 사용하게 되는 교안을 구성하는 과정은 무엇보다
중요하다. 학습자에게 강의 내용을 체계적으로 정리하고 전달하
는 핵심 도구인 교안은 강사의 전달력을 높이고, 수강생들이 강
의 내용을 체계적으로 이해할 수 있도록 돕는다. 교안은 강의의
전체 흐름과 주요 포인트를 한눈에 파악할 수 있도록 하여, 학습
자들이 강의 내용을 쉽게 따라갈 수 있도록 하는 것이 중요하다.
실제로 강의를 처음 시작하던 때에는 내가 전달하고자 하는 모
든 내용을 교안에 담고자 하였다. 오히려 주요한 내용이 눈에 들
어오지 않았고, 불편함이 있었다. 내가 진행하게 될 강의는 누구

를 대상으로 하는가? 또 그들은 어떤 대상인가? 수강생의 배경과 수준을 고려한 맞춤형 교안은 강사가 넘쳐나는 요즘의 시대에 상당한 강점이자 매력이 될 수 있음을 기억하자. 학습자들이 어려운 개념도 부담 없이 접근할 수 있게 지원하는 교안은 강의의 학습 효과를 극대화한다.

■ 효과적인 교안 구성 전략

전체 강의 구조 설계

강의의 주요 주제와 세부 항목을 체계적으로 나열한 목차를 작성하고, 각 부분의 목표와 핵심 메시지를 명확히 한다. 주요하게 다룰 문제에 대해서도 단계별로 목차를 세분화하여 각각의 세부 주제의 핵심 메시지를 요약하도록 한다.

강의의 시작, 전개, 마무리 단계를 구분하여, 각 단계별로 핵심 내용을 어떻게 전달할지 미리 계획하고, 보다 효과적으로 전달할 수 있는 방법을 생각해 본다.

학습자의 연령, 수준, 배경, 직업, 경험 등을 고려하여, 강의 내용의 난이도와 설명 방식을 조정한다.

이론뿐만 아니라, 실제 학습자의 상황에서 적용할 수 있는 사례와 문제 해결 방법 등을 포함시켜 학습자들이 실질적인 도움을 받을 수 있도록 구성한다.

중요한 내용을 시각적으로 요약한 도표나 인포그래픽을 교안에 포함시켜, 학습자들이 한눈에 핵심 정보를 파악할 수 있도록 한다.

강의 중 사용하는 슬라이드와 교안의 내용을 연계시켜, 학습자들이 복습 시 자료 간의 연속성을 유지할 수 있게 하는 것도 중요하다. 나의 경우에는 강의에 사용하는 슬라이드에는 주요 내용만 담고, 교안에는 추가 내용을 첨부하여 이해를 돕고 있다. 물론 학습자의 상황에 따라 기관의 요청에 따라 유연하게 구성하고 있다.

강의 후에 교안을 수정하고 보완하며 나만의 무기로 만들기를 바란다. 강의 후 학습자와 담당자의 피드백을 바탕으로, 교안을 지속적으로 업데이트하고 보완하여 최신 정보와 트렌드를 반영하며 관리하기를 바란다.

체계적이고 수강생 맞춤형으로 구성된 교안은 강의 내용을 효과적으로 전달하여, 학습자들의 이해와 기억에 큰 도움이 된다. 잘 정리된 교안은 강의 후 학습자들이 스스로 복습하고 심화 학습을 이어갈 수 있는 기반을 제공하게 되며 강의에 대해서도 긍정적으로 인식하고 만족도도 높아지게 될 것이다. 교안은 재사용하는 것이 아니라 체계적이고 지속적으로 업데이트하기를 바란다. 교안은 강사의 전문성과 강의의 품질을 높이는 중요한 요소로 작용하므로 실제 강의 현장에서의 목소리를 반영하고, 트렌드와 흐름을 잘 적용하여 효과적으로 강사의 강의를 서포트하는 도구로서 활용하도록 한다.

Chapter.5

노션을 활용한
강사 스킬 강화

강의 계획서, 노션으로 체계화하기

필터, 검색의 기능 활용

■ 노션 활용의 중요성과 역할

노선은 강의 계획서를 체계적으로 관리할 수 있는 강력한 도구이다. 노션을 활용하여 강의 자료와 일정, 피드백, 참고 자료 등을 효율적으로 정리하고 빠르게 찾아볼 수 있어, 강의 준비와 운영의 전반적인 효율성을 높일 수 있다. 모든 강의 계획서와 관련 문서를 한곳에 모아 관리함으로써, 수정 및 업데이트가 용이하다. 또한 필터 및 검색 기능을 통해 필요한 정보나 자료를 신속하게 찾을 수 있어, 강의 전 준비 시간과 노력을 절약할 수 있다. 뿐만 아니라, 팀원 및 강의 담당자와 실시간으로 정보를 공유하며, 협업을 통해 강의 계획의 완성도를 높일 수 있다.

■ 효과적인 노션 활용 전략

1) 체계적인 데이터베이스 구축

- 강의 계획서 데이터베이스 : 각 강의의 일정, 주제, 목표, 참고 자료 등을 항목별로 정리한 데이터베이스를 구축한다.

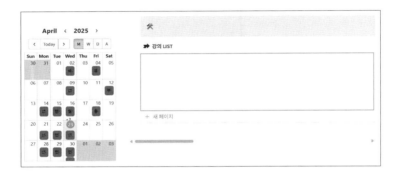

- 필터 기능 활용 : 강의 일정, 담당자, 주제별로 데이터를 필터링하여, 원하는 정보만 빠르게 추출할 수 있도록 설정한다. 노션의 검색 기능을 활용하여, 제목, 날짜, 키워드 등을 기준으로 자료를 검색하고, 결과를 체계적으로 정렬한다.

노션에서 제공하는 강의 계획 템플릿을 활용해 기본 틀을 마련한 후, 필요에 따라 커스터마이즈할 수 있는데, 특히 강의 일정을 캘린더 뷰로 시각화하거나, 칸반 보드 형식으로 진행 상황을 한눈에 파악할 수 있도록 구성하는 것이 유용하다.

　팀원이나 강의 담당자와 노션 페이지를 공유하여, 실시간으로 업데이트 및 피드백을 주고받을 수 있는 것도 노션 활용의 장점으로 작용한다. 각 자료나 항목에 댓글을 달아, 개선 사항이나 추가 의견을 기록하고 반영한다. 이는 이후의 강의 과정에도 도움이 될 수 있으므로, 주기적으로 관리하도록 하는 것이 좋다.

　노션을 활용하면 필터와 검색 기능을 활용해 필요한 자료를 빠르게 찾을 수 있으므로, 강의 준비와 작업 과정, 관리의 시간이 크게 단축된다. 또한 팀원 간 실시간 협업이 원활해져, 강의 계획과 진행 과정에서 발생하는 문제를 신속하게 해결할 수 있으므로 노선을 공부해 활용해 보도록 하는 것을 추천한다. 노선을 통해 강의 관련 모든 자료를 관리하면, 한층 체계화되어 강의 준비와 운영의 전반적인 효율성과 품질을 높일 수 있음을 기억하자.

2

강의 자료 효율적 관리

PC에 저장하지 않고 노션에서 작업하는 이유

■ 노션 기반 자료 관리의 중요성

노션은 모든 강의 자료를 클라우드 환경에서 관리할 수 있는 강력한 도구이다. PC에 저장된 개별 파일과 달리, 노션은 협업과 실시간 업데이트가 용이하여 강의 자료의 최신성을 유지하고 효율적인 관리를 가능하게 도와준다. 실제 PC에 저장을 하고 관리하던 나의 경우에도 노션의 기능의 장점을 알게 되고, 모든 과정을 노션으로 옮기고 있다. 노션을 활용하게 되면 지금껏 모아온 다양한 자료와 정보, 산발적으로 흩어져 있던 계획서, 피드백, 참고 문서 등을 한 곳에서 관리하여, 정보의 통일성과 접근성을 높일 수 있을 것이다.

PC에 파일이 분산되어 있어, 필요한 자료를 찾기 어려울 수 있다. 실제로 너무 방대한 자료가 쌓이며 파일명으로 검색하거나 관리하는 것에 한계가 있음을 직면한 경우가 적지 않다. 그뿐만 아니라 파일의 수정 및 업데이트 기록 관리가 체계적이지 않아, 최신 자료를 찾는 데 혼란이 발생하기도 한다. PC 저장 방식은 실시간 협업과 피드백 반영이 제한되어, 팀원 간의 소통에 어려움을 초래한다. 첨부하고 다운로드 하는 과정에 불편함이 있어 효율적인 부분에도 아쉬움이 있다. 노션을 활용한 자료 관리는 나의 계정 페이지 안에서 한눈에 관리하고 검색할 수 있어, 자료 접근성이 대폭 향상된다. 수정 내역과 업데이트 기록이 자동으로 저장되어, 언제든지 이전 버전과 비교 및 복구가 용이하며 소통과 협업에도 활용도가 높다는 것이 장점이다.

■ 노션을 활용한 강의 자료 관리 전략

1) 체계적 데이터베이스 구축

강의 자료, 교안, 참고 자료, 피드백 등을 항목별로 정리하여, 분류와 태그를 활용해 쉽게 검색할 수 있는 데이터베이스를 구

축한다.

2) 템플릿과 링크 기능 활용

강의별 템플릿을 사용하여 일관된 형식의 자료를 제작하고, 관련 자료 간의 내부 링크를 통해 빠른 이동과 연결을 지원한다. 노션에서는 다양한 템플릿을 무료로도 제공하고 있어 활용하기 초보자도 기본적인 기능만 잘 숙지한다면 충분히 접근할 수 있다.

3) 실시간 업데이트와 공유

노션의 공유 기능을 활용해, 강의 담당자와 팀원들이 실시간으로 자료를 업데이트하고 피드백을 주고받도록 한다.

4) 모바일 및 크로스 플랫폼 지원

노션은 PC뿐만 아니라 모바일에서도 동일한 환경을 제공하므로, 언제 어디서나 자료 접근과 수정이 가능한 것 역시 장점으로 작용된다.

보다 효율적인 자료 관리로 강의 준비와 운영에 소요되는 시간을 절약하고, 최신 정보를 항상 유지할 수 있다. 노션을 통해 실시간 협업 기능을 원활하게 할 수 있고, 강의 계획 및 자료 수정 과정에서 발생하는 오류를 최소화할 수 있다. 체계적이고 일관된 자료 관리로 강의의 전반적인 완성도가 높일 수 있으며 이는 학습자들에게 더 신뢰할 수 있는 정보를 제공할 수 있는 도구가 될 것이다. PC에 저장하는 것보다 훨씬 효율적이고 유연한 관리 환경을 제공하며, 협업과 실시간 업데이트 기능을 통해 강의 준비와 운영의 전반적인 품질을 크게 향상시킬 수 있다는 사실을 기억하고, 지금부터라도 노션을 활용해 보자.

3

피드백 기록, 담당자 및 기관에 대한 내용 기록

이후 강의와 연결

✎ ■ 피드백 기록의 중요성

강의 후 담당자 및 기관에서 받은 피드백은 향후 강의 개선과 발전에 필수적인 자료이다. 이 내용을 체계적으로 관리하여 이후의 강의에 반영하고 보완해 나가는 것은 강사로서의 성장과 발전에도 큰 도움이 된다. 강의 후 피드백을 체계적으로 기록하면, 반복되는 문제점과 개선점을 파악하여 다음 강의에 반영할 수 있고, 후속 강의를 맡게 될 경우에도 기존의 자료를 참고하여 기관의 요구사항이나 의견을 명확하게 이해하고 완성도 높은 강의를 운영할 수 있다.

■ 효과적인 피드백 기록 전략

노선 데이터베이스 구축

1) **피드백 전용 페이지 생성** : 강의 후 피드백, 담당자 의견, 기관
   의 요구사항 등을 기록할 전용 노선 페이지를 만들어 체
   계적으로 관리한다.

2) **태그와 분류 기능 활용** : 각 피드백 항목에 날짜, 강의 주제,
   담당자 이름 등 태그를 부여하여 나중에 쉽게 검색하고
   분석할 수 있도록 분류한다.
3) **즉각적 기록** : 강의 종료 후 바로 피드백을 기록하여, 강의
   의 상황과 감정을 정확하게 반영할 수 있도록 한다.

  체계적인 피드백 기록과 관리는 강의의 문제점을 빠르게 파
악하고, 이를 개선하여 강의 품질을 꾸준히 향상시킬 수 있게 한
다. 또한 피드백 기록과 공유는 기관과 담당자와의 원활한 소통
및 신뢰를 강화시키는 데 긍정적인 역할을 한다. 축적된 피드백
데이터는 강의 방향과 강사만의 전략을 갖추는데 객관적인 근

거를 마련할 수 있다. 노선을 활용한 피드백 기록과 관리는 강의 후 지속적인 개선과 발전을 위한 중요한 부분임을 기억하자.

실시간 메모, 강의 중에도 활용

> 강의 중간의 주요한 사항을 사라지지 않도록
> 잘 활용하기

강의를 진행하는 중 발생하는 중요한 정보, 학습자 질문, 즉각적인 아이디어 등을 놓치지 않고 기록하는 데에도 활용할 수 있는데, 이를 통해 강사는 강의 후 복습 및 개선에 필요한 자료를 체계적으로 관리할 수 있으며, 해당 페이지를 학습자에게 공유하게 되는 경우, 학습자들도 강의 내용을 다시 확인할 수 있는 참고 자료로 활용할 수 있다. 수기로 작성하는 번거로움을 없애고 노선을 활용한 실시간 메모를 통해 학습자들의 반응과 질문을 즉각적으로 기록하여, 강의 후 추가 설명이나 보완 자료를 제공할 수 있다.

✎ ■ 효과적인 실시간 메모 활용 전략

1) 노션의 메모 기능 활용

- **실시간 업데이트** : 노션의 실시간 편집 기능을 활용하여, 강의 중 발생하는 중요한 정보를 빠짐없이 기록한다.

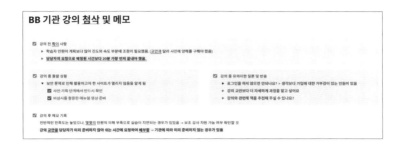

- **태그와 분류** : 각 메모 항목에 날짜, 강의 주제, 관련 키워드 등을 태그로 지정하여, 나중에 쉽게 검색하고 정리할 수 있도록 한다.

✐ ■ 강의 중 즉각 기록 체계 구축

- **메모 전용 섹션 마련** : 강의 시작 전에 '실시간 메모' 전용 페이지나 섹션을 만들어, 학습자 질문, 주요 논의 사항, 인상 깊은 사례 등을 기록한다.

강의 중 노션을 활용할 때에는 너무 많은 시간을 소요하지 않도록 주의하는 것이 필요하다. 모든 내용을 상세하게 기록하기보다는, 핵심 키워드와 요점을 중심으로 간결하게 정리한다. 노션에는 다양한 형식을 제공하고 있으므로 주제와 내용에 따라 번호 매기기, 블릿 포인트, 색상 하이라이트 등 다양한 포맷을 사용하여, 중요한 정보와 부가 정보를 구분하여 기록할 수 있다.

실제로 강의 종료 후, 강사와의 추가 소통을 원하는 학습자가 있는 경우도 많다. 실시간 메모를 기반으로 주요 내용을 리뷰하고, 추가 보충 설명이 필요한 부분을 확인할 수 있는 페이지를 구성하여 공유하는 것도 좋은 방법이 된다. Q&A 자료, 요약 자료, 혹은 추가 학습 자료를 제작하여 학습자들에게 공유할 수 있다.

노션을 활용한 실시간 메모를 통해 강의 중 중요한 사항이 모두 기록하면, 강의 후 학습자의 복습과 질문에 대한 답변에 대한 지원이 가능해지고, 강사로서도 강의의 보완 및 개선에 활용할 수 있는 자료가 풍부하게 축적된다. 기록된 메모를 바탕으로 학습자들의 반응과 강의 진행 상황을 분석하여, 차후 강의 계획 및 내용 보완에 활용한다면 더없이 훌륭한 비서로서의 역할을 하게 될 것이다. 노션으로 강의 도중 중요한 정보를 효과적으로 저장하고, 강의 후 개선과 학습 자료 제작을 해보는 것을 추천한다. 노션의 체계적인 기록 도구를 활용하여, 강의의 세부 사항을 놓치지 않고 관리하는 신뢰성 이 높은 강 사가 되기 를 바란다.

5

학습자에게 자료 제공

> 강사의 플랫폼에 대한 소개 및 소통

강사의 플랫폼에서 학습 자료를 제공하면, 학습자들은 언제든지 필요한 정보를 쉽게 찾아볼 수 있으며, 강의 후에도 지속적인 학습이 가능해진다. 강사에 대한 신뢰가 향상될 것이다. 또한 담당자에게 강사의 플랫폼을 제공하면 강의와 관련한 전반적인 과정과 경력에 대한 내용을 한눈에 파악할 수 있어 도움이 된다. 강사의 플랫폼을 통해 최신 자료와 강의 관련 정보를 공유하고 나만의 강의를 브랜딩할 수 있다.

■ 효과적인 자료 제공 전략

1) 플랫폼 구성 및 사용자 접근성 강화
강사의 플랫폼을 담당자, 혹은 학습자들이 쉽게 탐색할 수 있도록 직관적인 디자인과 메뉴 구조를 기획하고 구성한다.

2) 자료의 체계적 정리 및 업데이트

강의 자료, 참고 문헌, 영상, 인포그래픽 등을 주제별, 날짜별, 중요도별로 체계적으로 분류하고 태그를 지정해, 검색 기능을 통해 빠르게 찾아볼 수 있도록 한다.

3) 실시간 Q&A 및 공지사항

자료 업데이트와 관련된 공지사항을 제공하고, 실시간 Q&A 세션을 통해 학습자들의 궁금증을 해결해줄 수 있다.

Q&A page

☑ 공지사항

📢 업데이트 및 자료 활용 공지사항
- 강의 자료는 수시로 업데이트됩니다. 최신 버전을 확인해 주세요.
- 배포된 자료는 개인 학습 목적으로만 활용 가능합니다.
- 자료 공유 및 무단 전재는 공지되어 있습니다.
- 오류나 개선 요청은 담당자에게 알려주시면 빠르게 반영하겠습니다.
- 강의 관련 추가 자료는 추후 별도 공지 예정입니다.

▼ Q1. 강의 자료는 어디서 다운로드할 수 있나요?
- A1. 강의 자료는 노션 페이지 상단 '자료실' 링크를 통해 다운로드할 수 있습니다.
▼ Q2. 강의 영상은 언제까지 시청할 수 있나요?
- A2. 수강 등록일로부터 90일간 시청 가능합니다. 이후에는 자동으로 접근이 제한됩니다.
▼ Q3. 강의 중 궁금한 점이 생기면 어디에 질문하나요?
- A3. 질문은 Q&A 게시판에 남겨주세요. 감사님이 24시간 이내 답변드립니다.
▼ Q4. 강의 중 제공되는 퀴즈나 과제는 필수인가요?
- A4. 퀴즈와 과제는 학습 보조용으로 제공되며, 필수 제출은 아닙니다. 하지만 수료 인증을 원하실 경우, 제출이 필요합니다.
▼ Q5. 모바일에서도 수강할 수 있나요?
- A5. 네, 모바일 브라우저 및 노션 앱을 통해 편리하게 수강할 수 있습니다.

4) 다양한 형태의 자료 제공

또한 노션은 텍스트 자료뿐 아니라 동영상, 오디오 강의, 슬라이드, PDF 등 다양한 형태의 자료를 제공할 수 있어 필요에 따라 다양한 스타일을 구성할 수 있다.

강사의 플랫폼을 운영하는 것은 반드시 필요한 과정이라고 생각한다. 강사의 브랜딩을 위해서뿐만 아니라 강사에 대한 정보를 축적함으로써 담당자와 학습자에게 보다 양질의 자료와 내용을 공유하고 제공할 수 있다. 강사의 플랫폼이 잘 구축되고 유지하도록 하여 강사로서의 기반을 마련할 수 있기를 바란다.

협업 기능 및 팀워크 강화하기

다양한 협업 템플릿과 실시간 소통 도구 활용

    강의 준비 및 진행 과정에서 혼자가 아닌 여러 강사와 함께 운영하는 경우도 있을 수 있다. 실제 강사로서의 경력을 쌓으며 다양한 경험을 하고 있는데, 기관의 요청으로 강사 간 콜라보 강의를 제안하는 경우가 있었고, 이때 노션의 활용은 빛을 발하였다. 원활한 소통과 협업은 필수적이다. 내 주변의 강사들 중 협업을 하거나 프로젝트 식으로 수업이나 강의를 구성하는 경우도 많다. 노션의 협업 템플릿과 실시간 편집, 댓글, 태그 등의 기능을 활용하여 이러한 특색있는 강의 브랜드를 구축하는 것도 좋은 방법이 될 듯하다. 강의 자료 제작과 수정, 피드백 공유가 한 곳에서 통합적으로 이루어질 수 있는 노션이라는 플랫폼으로 참여하는 인원이 목표를 향해 효율적으로 작업해나갈 수 있다.

1) 칸반 보드 & 작업 리스트

노선의 칸반 보드 템플릿을 활용해 각 강의 준비 단계(예 : 자료 수집, 초안 작성, 피드백 반영 등)를 카드로 분류하고 관리할 수 있다. 각 카드에 담당자, 기한, 우선순위를 지정하여 진행 상황을 한눈에 파악할 수 있도록 해준다.

2) 팀 공용 페이지

팀원들이 동시에 접근 가능한 협업 전용 페이지를 만들어, 실시간으로 수정 및 추가 피드백을 남길 수 있게 한다. 문서 내 각 항목에 댓글을 달아, 실시간 의견 교환 및 피드백을 받을 수 있도록 설정할 수 있고, 각 피드백 항목에 태그를 달아 (보완 필요, 검토 완료 등) 팀원 간 역할 분담과 진행 상태를 명확하게 관리할 수 있다.

3) 정기 회의 및 일정 관리

노선 캘린더 기능을 이용해 정기 회의 일정을 설정하고, 회의록을 실시간으로 업로드하여 모든 팀원이 공유하도록 한다. 팀원들이 중복 기록이나 혼선 없이 작업할 수 있도록 소통 채널을 일원화하게 되면 관리 측면에서도 훨씬 효율적이다.

　팀으로 움직이는 강의의 경우, 협업이 필요한 경우에는 강의 자료 제작 및 수정 과정에 다양한 의견이 수시로 반영될 수 있음을 감안하여 노션을 활용해 보자. 각자의 상황에서 가능한 시간에 참여하고, 소통을 하는 효율적인 방법으로 오류를 신속하게 수정하고 개선하고 반영해 나가기를 바란다. 물론 본 파트의 내용은 협업 및 소통이 필요한 모든 인원과 팀에게 적용될 수 있다. 소통과 피드백이 원활한 강사로서 노션 페이지를 적극 활용해 보자.

7

강의 노트 정리 및 지속적 개선

꾸준한 기록을 통한 강의 품질 향상

　강의 후 강의에 대해 노트를 하는 습관을 들여야 한다. 나의
경우, 이 부분에 대해 뒤늦게 깨달아 지나왔던 수차례의 강의
와 내용을 생생하게 담지 못했다. 노트는 강의 내용을 체계적으
로 기록하고, 피드백과 개선 사항을 정리하여 지속적으로 강의
를 발전시킬 수 있는 핵심 자료이고 도움이 될 수 있는 도구이
다. 노션을 활용해 강의 노트를 체계적으로 정리하면, 강사로서
강의를 복기하여 보다 나은 강의를 만들어 나갈 수 있다. 강의를
개선하고 전략을 만들어 나가는 과정은 강사에게 필수적인 부분
이다. 이를 노트를 활용해 체계적으로 기록하고 관리해 보기를
추천한다.

■ 노트 데이터베이스 구축

1) 강의별 분류

노션 데이터베이스를 생성하여 강의 날짜, 주제, 피드백, 개선 사항 등을 항목별로 정리한다. 각 항목에 관련 태그를 부여해 나중에 쉽게 검색할 수 있다는 사실을 기억하자.

2) 자동 업데이트 및 버전 관리

강의를 하게 되면 [초안 - 교안 작업 - 강의 진행 - 마무리 과정]에서 추가로 내용을 보완하고 업데이트하거나 수정해야 하는 경우가 많다. 강의를 하며 진행에 매끄럽지 않았던 부분이 있었거나, 학습자의 이해 수준을 고려해 좀 더 유의하여 다루어야 하는 부분 등 피드백을 기록하여 활용하자.

3) 캘린더 활용

노션 캘린더를 활용해 정기적으로 강의 일정 및 내용, 후기 등을 검토하는 습관을 들일 수 있다. 완벽한 P성향인 나의 경우, 강의에 대해서만은 J를 추구하고 있으나 쉽지 않았다. 하지만 노션을 활용하기 시작하며 조금씩 변화하고 있다. 체계적으로 나의 강의와 관련한 모든 내용을 정리하고 싶다면 바로 시작해보자. 이동을 자주 하는 강사의 경우, 매번 강의 후에 바로 기록을 남기기는 어렵다. 녹음을 통해 강의 후기를 남기고 후에 노션에 리뷰를 작성하는 등의 방법을 사용하는 것도 좋다.

4) 체크리스트 활용

강의 후 반드시 확인해야 할 개선 사항과 피드백 포인트를 체크리스트로 만들어, 노트에 추가하고 진행 상황을 지속적으로 업데이트하며 모바일로 간편하게 체크할 수 있다.

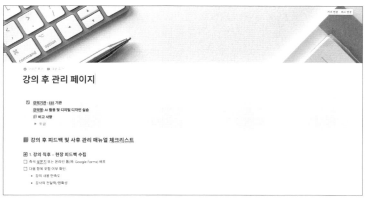

강의 노트의 내용은 강사가 보고 관리하는 데 편리해야 함을 기억하고 명확하고 일관된 구조로 작성하는 것이 좋다. 불필요한 세부사항은 생략하거나 요약하여 기록한다. 정기적인 검토 및 업데이트를 통해 지속적으로 유지해 나간다면 강사로서의 데이터를 축적할 수 있고 강의의 품질 역시 향상될 것이라고 확신한다. 노션은 강사에게 인사이트를 제공하는 도구가 될 수 있다.

8

강의 과정 체크리스트

> ### 준비부터 진행, 후속 관리까지 누락 없이 체계적으로 관리하기

'Chapter.5'의 7 섹션에서 다루었던 체크리스트에 대해 조금 더 자세히 다루어보려고 한다. 강사는 현장에서 완벽한 모습을 갖추어야 한다고 생각한다. 물론 실수나 부족한 부분이 있을 수 있지만, 사전에 과정을 검토하고 준비한다면 충분히 줄여나갈 수 있다고 생각한다. 나의 경우 강사의 업과 교육업, 작가 등 다양한 활동을 하고 있어 일정과 내용에 대한 꼼꼼한 관리가 필수적이다. 특히 외부와의 소통과 실제 현장에서의 강의 세팅 등의 과정에서 강사로서 갖추어야 할 업무에 대한 숙지와 실행이 기본이 되어야 함에도 실수가 많았던 초반을 되돌아보면 현재 노선을 사용하며 그 부분이 많이 보완되고 있음을 느낀다. 강의 준비, 진행, 종료 후 피드백에 이르기까지 모든 단계를 체크리스트로 관리해 보기를 바란다. 누락되는 요소 없이 체계적으로 관리

할 수 있을 것이다.

✎ ■ 체크리스트 템플릿 제작

1) 단계별 항목 작성

강의 준비, 현장 진행, 강의 종료 후 피드백 및 개선까지 모든 단계를 세분화하여 체크리스트 항목을 작성한다. 챗GPT혹은 노션AI를 활용해서도 항목을 간단히 도출할 수 있다.

완벽한 강의를 위한 매뉴얼

📋 강의 사전 점검 매뉴얼 (Before You Teach)

🎯 **1. 강의 목표 점검**
☐ 강의의 핵심 목표는 명확한가?
☐ 학습자에게 어떤 변화나 결과를 기대하는가?
☐ 강의 목적에 맞는 제목이 설정되어 있는가?

✏️ **2. 대상자 분석**
☐ 수강 대상자의 연령대, 수준, 배경 파악
☐ 학습 동기와 기대 수준은 어떤가?
☐ 용어 선택, 사례, 속도 등을 조정할 필요가 있는가?

📖 **3. 콘텐츠 설계 및 자료 준비**
☐ 강의 흐름을 짜는 구조가 구성되었는가? (도입-전개-마무리)
☐ 각 파트에 맞는 슬라이드, 이미지, 활동 자료가 준비되었는가?
☐ 실제 사례나 활동이 포함되어 있는가?
☐ 시간 안배는 적절하게 계획되었는가?
☐ 자료의 저작권 문제는 없는가?

2) 중요도와 우선순위 지정

각 항목에 우선순위를 부여하거나, 완료 기한을 설정하여, 시간이 촉박한 상황에서도 필수 작업을 우선적으로 처리할 수 있도록 한다. 이 부분은 특히 중복되는 일정을 관리할 때 큰 도움이 되고 있다.

3) 실시간 업데이트 및 협업 연계

강의 진행 중의 과정 역시 체크리스트 항목의 상태(예 : 완료, 진행 중, 미완료)를 업데이트 할 수 있고, 체크리스트에 추가하여 피드백 및 개선 사항 관리를 간단히 작성할 수도 있다. 나에게 맞는 방법으로 시간을 효율적으로 사용하며 강의 전반의 내용을 관리할 수 있는 템플릿을 구성해 보자.

체크리스트를 통한 체계적인 관리는 강의 준비와 진행의 효율성을 높이고, 누락된 작업 없이 원활한 강의 운영을 보장할 수 있을 것이다. 실제로 수기로 쓰며 바인더를 들고 다니던 나의 경우, 이제는 인터넷이 연결된다면 어떤 곳이든 나의 일정과 관련된 모든 내용을 확인하고 관리할 수 있다. 또한 강의를 기획하는 단계부터 마무리하는 과정까지의 강의 프로세스를 개선할 수 있어, 강사로서의 기본 역량도 갖출 수 있다고 생각한다.

9

강의 영상 임베드

강의 현장과 자료를 생생하게 전달하기

요즘에는 강의 담당자가 인스타그램이나 유튜브 등의 플랫폼에서 강사의 강의력을 확인하기도 한다. 실제 강의를 의뢰하는 경우에도 강의 경력과 함께 관련 영상을 요청하기도 하고, 강의를 제안하였을 때에 첨부하기도 한다. 기존에는 유튜브의 개인 플랫폼을 활용해 나의 강의 자료와 영상 등을 업로드 하고 링크를 부여했지만, 이 과정에서는 일일이 강의마다 링크를 복사하여 전달해야 한다는 번거로움이 있었다. 강의 녹화 영상, 데모 영상, 인터뷰 등 다양한 영상 콘텐츠를 노션 페이지에 임베드하면, 강의에 대한 내용을 기록하고 관리할 수 있어 강사의 강의록이 될 수 있으며, 담당자에게는 강의 경력이나 (경력이 적더라도) 능력을 어필할 수 있는 도구가 될 것이다. 또한 영상 임베드를 통해 강의 내용과 관련된 추가 내용을 볼 수 있어 학습자에게도 도움을 줄 수 있다.

■ 외부 영상 플랫폼 연동

1) 영상 임베드 기능 활용

유튜브, Vimeo 등 외부 영상 플랫폼의 링크를 노션 페이지에
임베드해, 강의 관련 영상을 손쉽게 삽입할 수 있다. 영상을 직
접 삽입하는 것 외에도 멘션, 북마크, url 등으로 형식에 따라 자
유롭게 활용할 수 있다.

2) 영상 콘텐츠 분류 및 정리

각 영상 콘텐츠를 강의 주제, 날짜, 유형별로 분류하고, 키워
드 태그를 지정해 나중에 쉽게 검색할 수 있도록 관리할 수 있는
데, 나의 경우에는 강의 전 보여주는 오프닝 영상도 노션 페이지
에 삽입하여 활용하고 있다.

3) 연관 문서 및 슬라이드 첨부

임베드한 영상에 대해 추가 설명이 필요한 슬라이드나 텍스트, 참고 자료를 함께 배치하여, 영상과 관련 내용을 바로 확인할 수 있다.

4) 주제별 영상 관리

주제별로 여러 영상이 있다면 재생 목록 형태로 구성하는 것이 관리하는 강사의 입장에도 참고하고 활용할 담당자나 학습자들의 입장에서도 좋다. 보다 체계적으로 시청할 수 있다.

이때 플랫폼이나 계정상의 이유로 작동이 되지 않을 수 있으므로 강의 전 (혹은 공유 전) 외부 영상 링크가 항상 안정적으로 작동하는지 테스트를 하는 것이 필요하다. 또한 임베드만 하는 것이 아니라 영상 관련 설명과 캡션을 충분히 추가하여, 영상 내용을 보충할 수 있도록 한다.

영상 임베드 페이지를 운영하면 강의의 내용을 체계적으로 운영하고 관리할 수 있고, 필요시 적절하게 활용할 수 있어 시간적인 부분에 대한 효율성도 높다. 직접 강의 현장을 녹화하거나 데모 영상을 임베드하면, 강의의 분위기와 실제 적용 사례를 담당자에게 생생하게 전달할 수 있다. 이는 단순한 슬라이드나 텍스트 자료보다 훨씬 깊은 인상을 남기며, 강의의 핵심 메시지를 보다 효과적으로 전달할 수 있는 수단이 될 수 있다고 생각한다. 또한, 강사는 영상 콘텐츠를 다시 한번 검토하는 과정으로 나의 강의에 대해 보다 객관적으로 피드백을 하고 개선해 나갈 수 있다. 학습자에게 공유를 하게 되면 다양한 자료와 연계된 추가 영상과 사례로 학습자들이 보다 이해하기 쉬운 환경을 조성할 수 있게 된다. 영상 임베드 페이지는 강사의 교육 자료 관리의 체계성뿐만 아니라 브랜드 이미지 구축에 있어 중요한 역할을 할 수 있다는 사실을 기억하자.

10

노션의 AI 활용

콘텐츠 자동 생성 및 업무 자동화로 강의 준비 효율 극대화

Chapter.5의 1~9 섹션을 통해 노션의 기본적인 메뉴와 기능을 활용해 보는 과정을 살펴보았다. 섹션 10에서는 노션의 AI 기능에 대해 알아보려고 한다. 노션 AI는 노션 안에서 AI를 활용할 수 있어 편리하다. 강의 초안 작성, 콘텐츠 요약, 반복 작업 자동화 등 여러 업무를 빠르고 효율적으로 처리할 수 있도록 도와주며, 이를 통해 강사는 시간의 소비를 줄이고 보다 창의적인 콘텐츠 제작과 교육에 더 집중할 수 있고, 효율적으로 강의 준비 및 운영을 하게 된다.

■ 콘텐츠 자동 생성 및 요약

1) 강의 초안 자동 작성
노션의 AI 도구를 활용해, 강의 주제에 맞는 콘텐츠 초안을 자동으로 생성할 수 있다.

2) 내용 요약
긴 문서나 강의 자료를 AI를 통해 요약하고, 핵심 포인트만 간결하게 정리한 자료를 만들어 본다.

3) 업무 자동화 기능 활용
강의 자료 업데이트, 체크리스트 작성, 문서 버전 관리 등의 반복적인 작업을 노션 AI 기능으로 자동화할 수 있다.

4) 질문-답변 자료 자동 생성
강의 주제와 관련된 예상 질문과 답변(FAQ) 자료를 노션 AI를 통해 자동으로 생성하고, 이를 검토하여 실제 강의 자료에 반영할 수 있다.

다만 AI가 생성한 콘텐츠는 반드시 검토를 해야 한다는 사실을 기억하자. 노션 AI가 도출한 내용은 강사가 꼼꼼하게 검토하고, 정확성을 확인한 후 관리한다. 특히 AI 기능을 통한 자동화 작업은 초기 설정이 매우 중요하므로, 샘플 작업을 통해 기능 사용법을 충분히 숙지하고 테스트한 후 적용하는 것이 좋다.

반복적이고 시간이 많이 소요되는 작업이 자동화되면 강사의 업무 효율성이 크게 향상될 것이다. 노선 AI를 활용한 콘텐츠 요약 및 데이터 분석 기능 등 강의 개선에 필요한 다양한 기능을 효과적으로 운영해 보기를 추천한다. 노선AI 자동화로 강의 준비와 관리 과정이 간소화되면, 강사는 창의적이고 전략적인 업무에 더 많은 시간을 투자할 수 있게 될 것이다.

Chapter.6

쓰레드를 활용한
강사의 브랜딩

1

쓰레드와 다른 SNS의 차별점

다양한 SNS, 그리고 인스타그램의 장점을
결합한 플랫폼

↗ ■ 쓰레드의 차별화된 특징

쓰레드는 트위터의 실시간 소통성과 인스타그램의 시각적 매력을 결합하여, 강사들이 개인 브랜딩과 전문성을 동시에 구축할 수 있는 독특한 기회를 제공하는 새로운 SNS 플랫폼이다. 나의 경우에도 쓰레드에 대해 매력을 느낀 지는 얼마 되지 않았다. 하지만 지인의 추천으로 인스타그램을 운영하며 가볍게 시작하고는 새로운 세상에 놀라지 않을 수 없었다. 이미 활성화된 인스타그램과는 또 다른 어떤 장점을 가지고 있는지 새로운 형태의 SNS, 쓰레드에 대해 알아보기로 하자.

■ 실시간 소통과 빠른 피드백

보통 강사라면 인스타그램 계정은 필수적으로 하나쯤 운영하고 있을 것이다. 짧고 신속한 게시물 형식을 통해 강사는 최신 소식과 아이디어를 빠르게 공유하며, 학습자 및 동료와 실시간으로 소통할 수 있다. 이를 통해 강사는 즉각적인 피드백을 받고, 학습자의 반응에 기반해 강의 내용을 보완할 수 있고, 강사의 브랜딩을 통해 영역을 확장해 나갈 수 있다. 인스타그램의 이미지와 동영상 중심 콘텐츠는 강의 관련 짧은 미리보기, 강의 현장 스냅샷, 인포그래픽 등을 활용하여 강사의 전문성과 개성을 시각적으로 부각시킬 수 있는데, 특히 강의의 핵심 포인트나 중요한 순간들을 릴스 등을 통하여 생생하게 전달함으로써, 학습자들의 관심과 참여를 유도하고 담당자들 또한 인스타그램에서 인플루언서, 인지도가 높은 강사, 혹은 브랜딩이 명확한 강사들을 찾곤 한다.

강의의 핵심 내용을 짧은 포스트나 스토리 형식으로 제작해, 학습자들의 흥미를 유발하고 강의에 대한 기대감을 형성하고, 강사의 강의 분야를 콘텐츠로 구성해 피드를 게시하는 SNS, 다양한 분야의 강사들이 이미 활발하게 활동하고 있어서 막연하고 어려움이 느껴진다 하더라도, 이제는 필수적인 도구임을 알고 더 늦기 전에 시작해야 한다. 강사로서의 모습, 특히 전문적인 강의 현장을 적절히 조합하여, 친근하면서도 신뢰할 수 있는 이미지를 구축하는 것부터 시작해 본다.

강사가 학습자들이 남긴 댓글이나 질문에 빠르게 반응하면, 강사와 팔로워 간의 활발한 소통이 이루어져 브랜드 충성도를 높일 수 있다. 나의 경우, 인스타그램으로 강의 관련 이슈나 최신 교육 트렌드에 대해 짧은 질문과 답변을 주고받으며, 전문적인 의견을 공유할 수 있도록 하고 있으며, 쓰레드에도 함께 연재하고 있다.

만일 내가 다양한 플랫폼에서 활동을 한다면 우선 모든 플랫폼에서 동일한 톤과 스타일의 콘텐츠를 제작하여, 강사의 브랜드 이미지가 일관되게 유지되도록 하자.

쓰레드는 인스타그램의 빠른 소통력과 시각적 매력을 결합한 강력한 플랫폼으로, 강사의 전문성과 개성을 효과적으로 부각시킬 수 있다.

짧고 임팩트 있는 콘텐츠는 강의의 주요 포인트를 빠르게 전달하며, 자연스러운 바이럴 효과를 통해 강의 홍보에 긍정적인 영향을 미친다. 또한, 실시간 소통 기능을 통해 학습자들과 지속적으로 소통하면서 강의 후에도 팔로워와의 관계를 강화할 수 있다. 쓰레드는 강사의 브랜딩과 강의 홍보에 최적화된 플랫폼으로 자리매김하지 않을까 생각해본다. 이미 많은 사람이 사용하고 있고, 그 시장은 상당히 빠르게 확산되고 있음을 기억하자. 강사만의 브랜딩이 필요하다면 효과적인 네트워킹을 목표로 바로 시작해 보기를 추천한다.

2

쓰레드가 강사에게 제공하는 가능성

소통, 공유, 브랜딩의 중심지

⤴ ■ 쓰레드 플랫폼이 제공하는 핵심 가능성

쓰레드는 강의와 교육 활동에서 강사가 자신의 생각을 실시간으로 공유하고, 학습자 및 동료와 활발하게 소통할 수 있는 혁신적인 플랫폼이다. 이 플랫폼은 이미지나 영상이 메인이 아닌 글 형식을 통해 빠르게 정보를 전달하고 소통한다. 스토리텔링을 통해 강사의 전문성과 개성을 효과적으로 부각시킬 수 있는 기회를 제공할 수 있는 것이다.

포스트와 댓글을 통해 학습자들과 즉각적인 피드백과 토론이 가능해진다. 이러한 소통은 강의 내용에 대한 이해를 높이고, 학습자들의 적극적인 참여를 유도하는 데 기여한다. 또한 강의 분야에 관련 있는 사람들과 소통을 할 수 있는데, 실제로 반응도와 확산의 속도를 보고 쓰레드의 위력을 실감한 적이 한두 번이 아니다.

다양한 SNS의 장점을 결합한 쓰레드는 텍스트, 이미지, 동영상 등 다양한 형식의 콘텐츠를 빠르게 공유할 수 있게 해준다. 이를 통해 최신 강의 자료와 텍스트 내용을 함께 업로드 할 수 있고, 강사만의 강의, 강사의 강의에 대한 스토리를 실시간으로 전달할 수 있으며, 보다 즉각적이고 폭넓은 정보를 제공하는 데 최적화되어 있다고 생각한다.

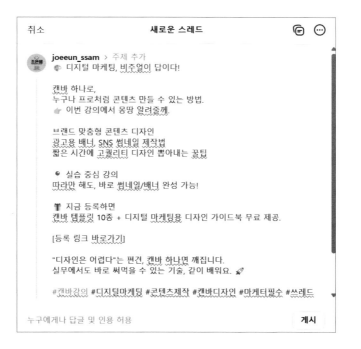

강사는 쓰레드를 통해 자신의 전문 지식, 교육 철학, 그리고 독창적인 강의 스타일을 체계적으로 드러낼 수 있을 것이다. 이를 통해 학습자 및 업계 전문가, 담당자, 기타 다양한 인원과의 신뢰를 쌓고, 강사의 브랜드 가치를 한층 높일 수 있다.

✎ ■ 강사에게 주는 다양한 기회가 될 쓰레드

1) 즉각적인 의견 교환 및 피드백

강의와 관련된 짧은 인사이트, 질문, 팁을 실시간으로 공유하면, 학습자들의 반응과 의견을 빠르게 수렴하고 이를 즉각 반영할 수 있다. 이러한 빠른 소통은 강의 후에도 학습자들과의 지속적인 관계를 형성하는 데 큰 도움이 될 것이다.

2) 콘텐츠의 다양성과 확산

쓰레드를 활용하여 강의와 관련된 최신 정보, 교육 팁, 강의 현장의 생생한 순간 등을 공유하면, 강의 콘텐츠가 다양한 형태로 확산해 나갈 수 있다. 또한 강사 역시 쓰레드 안에서 강의의 트렌드와 다양한 현장, 그리고 여러 사람들의 게시물을 통해 배우고 알게 되는 것들이 많아질 것이다. 콘텐츠를 지속적으로 발행하는 과정은 브랜딩과 함께 잠재적 학습자에게도 노출되어, 강의 참여율과 관심도를 높이는 데 기여하게 된다. 여러 가지 미디어 형식의 콘텐츠를 조합하고 싶다면, 강사의 메시지를 효과적으로 전달하고 차별화된 브랜딩을 만들어 나가기를 원한다면 주저 없이 시작해 보길 바란다.

강사는 자신만의 톤과 스타일을 유지하며 전문적이면서도 친근한 이미지를 형성하는 것이 필요하다. 정기적으로 콘텐츠를 업로드하고 소통하는 과정을 통해 업계 내에서 강사의 신뢰도와 인지도가 상승할 수 있고, 개인 브랜드 가치가 크게 향상될 것이다.

✎ ■ 쓰레드 입문하기

1) 강의 주제와 연계된 정기적인 포스팅을 통해 학습자들에게 일관된 메시지를 전달하고, 브랜드 인지도를 높인다.

Threads 포스팅 플랜

plan

제목 날짜	구분 포스팅 주제	포스팅 주제 포스팅 예시 내용 (불릿)	목표 목표
5월 2일	강의 소개	• 캔바로 배우는 디지털 마케팅 콘텐츠 제작 강의 오픈 • 실습 중심 구성·직접 비주얼 콘텐츠 제작 가능	• 강의 인지도 높이기·첫 관심 유도
5월 3일	핵심 기능 소개	• 캔바 템플릿 및 수정 방법 소개 • 누구나 전문가처럼 붙이는 콘텐츠 제작 가능 • 강의 실습으로 직접 적용	• 강의 내용의 실용성 강조·기대감 조성
5월 4일	무료 리소스 공유	• SNS 배너·캔바 템플릿 3종 무료 배포 • 강의 실습 자료로 활용 가능·다운로드 링크 제공	• 가치 제공·학습 참여 유도
5월 5일	Q&A 포스팅	• 강의 관련 질문 댓글로 접수·강사가 직접 답변 예정 • 사전 궁금증 해소 기회 제공	• 소통 활성화·친입 장벽 낮추기
5월 6일	캔바 활용 꿀팁	• 배경 제거 기능 소개 • 클릭 한 번으로 고퀄리티 이미지 제작 • 강의 실습에서 직접 사용 예정	• 강의 퀄리티 어필·캔바 기능 매력 강조
5월 7일	수강 후기 공유	• 수강생 후기 공유 ("캔바 하나로 SNS 브랜딩 성공") • 후기 결과물 이미지 첨부·강의 효과 간접 체험	• 신뢰도 충대·수강 동기 부여
5월 8일	강의 실습 예고	• 강의 중 직접 마케팅 배너 제작 실습 예정 • 실습 예시 이미지 미리보기 제공 • 수업 참여 기대감 증대	• 실습 기대감 조성·참여 유도
5월 9일	강의 비하인드	• 강사 직접 제작한 캔바 샘플 소개 • 강의 준비 과정 공유	

2) 팔로워들의 댓글과 질문에 적극적으로 응답하며, 대화를 지속적으로 이어감으로써 학습자들과의 연결고리를 강화

한다.

3) 쓰레드에 게시된 콘텐츠의 반응과 참여도를 주기적으로 분석하고, 어떤 유형의 포스트가 가장 효과적인지 파악하여 지속적으로 콘텐츠 전략을 개선한다.

실시간 소통과 빠른 피드백 기능을 갖춘 쓰레드 플랫폼을 효과적으로 활용하면, 강의 관련 정보가 빠르게 확산되어 강의 참여도와 관심이 증가하게 될 것으로 기대된다. 또한, 쓰레드는 학습자들과의 지속적인 상호작용의 장을 마련하여, 강의 후에도 활발한 소통과 피드백이 이루어지게 한다. 물론 잠재적 학습자, 업계의 전문가 혹은 담당자들에게도 마찬가지일 것이다.

정기적이고 일관된 콘텐츠 공유는 강사의 전문성을 효과적으로 드러내며, 강의 및 교육 활동에 대한 신뢰를 구축하는 데 기여한다. 실시간 소통, 정보 공유, 개인 브랜딩을 통해 교육 활동의 효과를 극대화할 수 있는 쓰레드를 활용해 보자.

쓰레드의 기본 사용법

프로필 설정, 팔로우, 글 작성 및 인터랙션

■ 쓰레드 사용의 기초 이해

쓰레드는 간결하고 신속한 소통을 위해 설계된 플랫폼이다. 강사는 이 플랫폼을 통해 자신의 브랜드와 전문성을 효과적으로 전달할 수 있으며, 프로필 설정부터 글 작성, 팔로우, 인터랙션에 이르기까지 기본 사용법을 숙지하면 보다 원활하게 운영할 수 있을 것이다.

1) 프로필 설정

개인 정보 구성

- 전문성과 개성을 반영할 수 있도록, 간결하고 명확한 소개 문구를 작성한다.

- 강의 주제와 관련된 키워드, 경력, 자격증 등을 포함하여 신뢰도를 높인다.

2) 프로필 사진 및 배너
깔끔한 프로필 사진과 강사의 브랜드 이미지가 담긴 배너를 선택하여 시각적 일관성을 유지한다.

3) 링크 및 연락처
강의 자료, 그리고 다른 SNS 채널로 연결되는 링크를 추가하여 학습자들이 다양한 경로로 강사의 콘텐츠에 접근할 수 있도록 한다.

4) 관련 계정 팔로우

강의 주제, 분야, 교육 분야의 전문가 등의 계정을 팔로우하여 최신 정보를 습득하고 네트워크를 확장한다.

5) 팔로워와의 신뢰 구축

팔로워들이 작성한 게시물에 관심을 갖고, 댓글이나 리액션을 통해 적극적으로 소통하여 신뢰 관계를 구축한다. 그리고 강사의 콘텐츠에 관심을 보이는 팔로워와 상호 팔로잉 관계를 형성하여 커뮤니티를 활성화한다.

쓰레드에 콘텐츠를 게시할 때에는 핵심 메시지를 간결하게 전달할 수 있도록 짧은 문장과 명확한 키워드를 활용하여 글을 작성하는 것이 좋다. 대화를 하듯 편안하게 전달하는 투로 강사로서의 스토리를 게시해 보는 것부터 시작해 본다. 텍스트 외에도 이미지, 동영상, 인포그래픽 등 다양한 미디어 파일을 첨부하여 강의의 핵심 내용을 전달한다면 그 효과는 배가될 것이라 생각한다. 일정한 주기로 강의 관련 인사이트, 팁, 최신 동향 등을 공유하여 팔로워들의 지속적인 관심을 유도하도록 하자.

6) 신속하고 원활한 소통

강사가 자신이 작성한 포스트에 달린 댓글에 신속하고 친근하게 응답하여, 팔로워들과 활발한 소통을 유지하는 것이 중요하다.

체계적인 프로필 관리와 정기적인 콘텐츠 공유를 통해, 강사의 전문성과 개성이 학습자들에게 효과적으로 전달되어 브랜드 인지도가 상승하기를 바란다면 인스타그램과 함께 쓰레드를 시작해 보는 것을 추천한다. 또한, 관련 분야 전문가 및 팔로워들과의 원활한 소통은 강의와 교육 활동에 있어서 견고한 네트워크 형성을 도우며, 강의 후에도 학습자들과 지속적으로 의견을 교환할 수 있는 기반을 마련할 것이라 생각한다. 쓰레드 플랫폼에서의 실시간 소통과 빠른 피드백은 강사의 메시지가 즉각적으로 확산되도록 하여, 강의 홍보 및 효과적인 소통 채널로 작용한다. 이러한 과정을 통해 강사는 자신의 전문성과 독창적인 강의 스타일을 강화할 뿐만 아니라, 학습자들에게 신뢰와 긍정적인 강의 경험을 제공할 수 있을 것이다. 쓰레드의 기본 사용법을 체계적으로 숙지하고 활용하면, 강사는 효과적인 개인 브랜딩 및 소통 전략을 보다 탄탄하게 시작할 수 있을 것이다.

4

쓰레드와 인스타그램의 연결 및 활용

◢◼ 두 플랫폼의 시너지 효과

쓰레드와 인스타그램은 각각 실시간 소통과 시각적 매력을 극대화하는 플랫폼이다. 이 두 플랫폼을 연계하면 강사는 짧은 텍스트와 이미지 중심의 콘텐츠를 통해 강의와 개인 브랜딩을 동시에 강화할 수 있다. 나 역시 인스타그램과 함께 쓰레드를 운영하고 있는데, 쓰레드를 통해 신속하게 소통하고 최신 업데이트를 전달하며, 인스타그램을 통해 강의 현장, 슬라이드, 인포그래픽 등 시각 자료를 보강함으로써 강의 자료의 연계성과 생동감을 높이고자 한다. 두 플랫폼에서 동일한 톤과 스타일을 유지하여, 강사의 브랜드 이미지가 통일하고, 학습자와 팔로워들에게 일관된 메시지를 전달하는 것이 중요하다.

■ 효과적인 연결 및 활용 전략

1) 상호 보완 콘텐츠 제작

쓰레드에서는 짧고 임팩트 있는 인사이트와 강의 요약을 공유하고, 인스타그램에서는 강의 현장의 스냅샷, 인포그래픽, 미리보기 영상을 업로드하여 양 플랫폼의 장점을 모두 활용하도록 한다. 물론 시간이 여의치 않다면 같은 콘텐츠를 업로드하여 일정한 주기를 맞추며 점차 플랫폼에 맞는 형식을 찾아가는 것도 좋다.

2) 콘텐츠 캘린더 연동

두 플랫폼의 게시 일정을 연동하여 콘텐츠가 서로 보완적으로 노출될 수 있도록 계획해, 강의의 흐름과 업데이트가 일관되게 유지되도록 한다.

3) 플랫폼 간 상호 연결

링크 및 태그 활용

인스타그램 게시물 내에 쓰레드 포스트의 링크를 삽입하거나, 강사의 프로필에 두 플랫폼의 관련 링크를 추가하여 팔로워들이 쉽게 양쪽에서 강사의 콘텐츠에 접근할 수 있도록 한다.

4) 크로스 포스팅

유사한 콘텐츠를 두 플랫폼에 동시에 게시하여, 한 콘텐츠가 다양한 형태로 확산되도록 유도함과 동시에, 강사의 메시지가 보다 널리 전달되게 한다.

두 플랫폼에서 전달되는 콘텐츠가 서로 상충되지 않도록 브랜드 톤과 메시지를 일관되게 관리해야 한다는 것을 기억하자. 그리고 쓰레드는 텍스트 위주의 빠른 소통에, 인스타그램은 이미지와 동영상 중심의 콘텐츠에 최적화되어 있으므로, 각각의 형식에 맞는 콘텐츠를 제작하는 것이 도움이 될 것이다. 두 플랫폼에서 학습자와 팔로워들의 반응을 지속적으로 모니터링하고, 이를 바탕으로 콘텐츠 전략을 수정·보완하여 최적의 소통 방식을 꾸준히 마련해 나간다면 강사로서의 브랜딩이 한 단계 더 나아갈 수 있을 것이다.

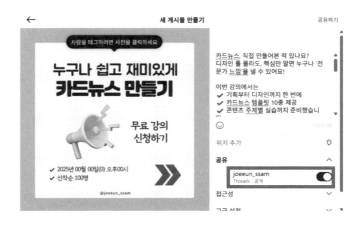

두 플랫폼의 강점을 결합하면 강사의 전문성과 개성이 효과적으로 전달되어 브랜드 인지도와 신뢰도가 크게 향상될 것이다. 쓰레드와 인스타그램을 결합하여 운영함으로써 강사의 콘텐츠에 다양한 방식으로 쉽게 접근할 수 있도록 해, 지속적인 소통과 참여를 촉진할 수 있고, 이 과정은 기존 학습자뿐만 아니라 잠재 팔로워들의 관심도 유도할 수 있다. 결과적으로 강사의 계정을 통해 자신의 브랜드를 확고히 구축하고, 실시간 소통 및 다양한 미디어를 통해 강의 콘텐츠를 한층 풍부하게 전달할 수 있다.

강사로서의 퍼스널 브랜딩 전략

쓰레드에서의 톤과 메시지 설정

■ 퍼스널 브랜딩의 중요성

강사로서 퍼스널 브랜딩은 강의뿐만 아니라 교육계 전반에서 전문성과 신뢰를 구축하는 데 매우 중요한 역할을 한다고 생각한다. 쓰레드를 활용하여 강사의 톤과 메시지를 꾸준히 전달하면, 학습자 및 동료들과의 관계가 강화되며 장기적으로는 강사로서의 브랜드 가치가 상승할 것이라 생각한다.

1) 전문성과 신뢰 구축

일관된 메시지와 톤은 강사의 전문 지식과 경험을 효과적으로 부각시켜, 학습자들에게 신뢰를 주는 중요한 요소이다. 강사만의 톤앤매너를 어떻게 그려나갈지 생각해보는 시간이 필요하다.

2) 차별화된 이미지 형성

강사의 고유한 스타일, 교육 철학, 그리고 가치관을 명확하게 표현하면, 타 강사들과 차별화된 브랜드 이미지를 형성하고 사람들로 하여금 강사를 각인시킬 수 있다.

3) 지속적 소통 강화

퍼스널 브랜딩은 강의 후에도 학습자들과의 지속적인 소통 채널로 활용되어, 긍정적인 학습 경험을 이어가는 데 기여한다.

■ 효과적인 퍼스널 브랜딩 전략

강의 주제와 연계하여 전달하고자 하는 핵심 메시지를 정리하고, 이 메시지를 바탕으로 모든 포스트에서 일관된 톤을 유지한다.

자신의 교육 철학, 전문 분야에 대한 열정, 그리고 강의 스타일을 자연스럽게 표현하여 브랜드의 정체성을 확고히 다져나간다.

브랜드 스토리텔링

1) 개인 경험 공유 : 자신의 교육 스토리, 과정, 성공 사례 등을

이야기 형식으로 공유하여, 학습자들이 강사의 인간적인 면모와 전문성을 동시에 느낄 수 있도록 한다.

2) **스토리 중심 포스트** : 짧고 강렬한 스토리를 통해 핵심 메시지를 전달하고, 강의 주제와 연결된 브랜드 스토리를 형성한다.

3) **대상 청중 분석** : 팔로워와 학습자들의 특성을 충분히 고려하여, 그들이 공감할 수 있는 언어와 콘텐츠 스타일을 선택한다.

4) **브랜드 이미지에 맞는 콘텐츠 제작** : 전문성과 친근함을 동시에 전달할 수 있는 콘텐츠를 제작하여, 강사의 브랜드 가치가 명확하게 전달되도록 해야 한다.

일관된 퍼스널 브랜딩은 학습자들에게 강사의 전문성을 확실하게 전달하고, 신뢰를 구축하는 데 기여할 것이다. 강사는 강사를 보여줄 수 있는 플랫폼이 필요하다. 강사의 고유한 브랜드 메시지가 지속적으로 전달되면, 강의 후에도 학습자들과의 소통과 피드백이 활성화되어 긍정적인 학습 경험이 유지되고, 강사로서의 입지를 다지는 데 도움이 될 거라고 생각한다. 퍼스널 브랜딩은 경쟁이 치열한 교육 시장에서 강사의 차별화된 가치를 어필할 수 있는 좋은 수단이 된다. 더 많은 학습자 및 담당자 혹은 전문가와의 협업 기회를 창출할 수 있다. 전문성과 신뢰를 강화하고, 장기적으로 브랜드 가치를 높여 지속 가능한 교육 활동의 기반을 마련할 수 있기를 바란다.

6

전문성을 강조하는 게시물 작성

짧지만 임팩트 있게

요즘 사람들은 짧고 빠르고 간편한 것을 더욱 반응한다. 주야장천 글을 써 내려가기보다 짧은 임팩트 있는 게시물을 통해 강사의 전문성을 효과적으로 전달해보자. 처음에는 어색할 수 있지만 곧 익숙해 질 것이다. 쓰레드를 통한 정기적인 업데이트는 학습자와 업계 관련자들 모두에게 신뢰감을 주고 강의 및 교육 활동의 가치를 높일 수 있다. 간결하면서도 핵심 메시지, 강사만의 콘텐츠, 유용한 정보가 있는 게시물은 강사의 전문 지식과 경험을 빠르게 전달하여 강의에 대한 기대와 신뢰도를 향상시키게 된다. 그리고 교육 시장에서 차별화된 이미지를 형성하는 데 기여할 것이다.

게시물은 핵심 정보를 한눈에 파악할 수 있도록 구성하여, 학습자들과 업계 관련 인물들에게 강사의 전문성을 명확하게 전달한다. 전문적인 내용을 매력적으로, 강사만의 톤을 담아 임팩트 있게 전달함으로써, 강사의 브랜드 가치를 확고히 하고, 경쟁이 치열한 교육 시장에서 독창적인 이미지를 확립할 수 있다.

■ 효과적인 게시물 작성 전략

1) 핵심 메시지 명확화

강의의 핵심 내용을 한두 문장 내에 요약하여, 학습자들이 빠르게 이해할 수 있도록 작성한다.

2) 시인성 강화
중요한 단어나 개념은 굵게 표시하거나 색상을 활용해 시각적으로 강조하여, 메시지가 한눈에 들어오도록 한다.

3) 전문 용어와 사례 활용
필요시 전문 용어를 사용하게 된다면 간단한 설명이나 예시를 덧붙여 학습자들이 쉽게 이해할 수 있도록 한다.

4) 실제 사례 활용
강의나 연구 경험에서 나온 구체적인 사례를 간단하게 언급하여, 전문성이 뒷받침된 정보를 제공한다면 더욱 매력적으로 다가갈 수 있다.

짧지만 임팩트 있는 게시물을 통해 강사의 전문적 지식과 경험이 효과적으로 전달되면, 학습자 및 업계 전문가들의 신뢰도가 크게 향상될 것이다. 일관된 메시지와 디자인으로 강사의 브랜드 이미지를 강화하고, 교육 분야 내에서 강사만의 이미지를 구축해 나가되, 쓰레드만의 특성과 분위기를 잘 반영하고 녹여내도록 하는 것이 관건이다. 상당히 소통이 활발한 플랫폼이다. 이 점을 잘 활용하면 강사만의 강점으로 작용하지 않을까 생각해본다. 팔로워들의 관심과 참여를 촉진하여, 강의 및 교육 활동에 대한 지속적인 소통과 네트워킹을 활성화하는 중요한 도구로 활용하여 강사로서의 브랜드 가치를 높이기 위해서 단계별로,

하나씩 체계적이고 전문적인 나만의 강의 스토리를 쓰레드를 통해 전해보도록 하자.

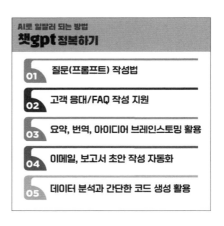

7

쓰레드로 나만의 '강의 시그니처'를 만드는 법

강의 시그니처란 말을 들어본 적이 없더라도 이미 익숙할 것이다. 강의 시그니처란 말 그대로 강사만의 교육 스타일과 메시지를 뜻하며, 개인 브랜드를 확고히 하고 강의의 차별화를 이루는 핵심 요소가 된다. 이를 통해 강사는 학습자들에게 강한 인상을 남기고, 경쟁이 치열한 교육 시장에서 강사만의 이미지를 구축해 나가게 된다.

AI로 일잘러 되는 방법
챗gpt 정복하기

01 질문(프롬프트) 작성법
02 고객 응대/FAQ 작성 지원
03 요약, 번역, 아이디어 브레인스토밍 활용
04 이메일, 보고서 초안 작성 자동화
05 데이터 분석과 간단한 코드 생성 활용

강사의 전문성과 개성이 담긴 시그니처는 학습자들에게 깊은 인상을 주어, 기억에 오래 남으며 다른 강사들과 차별화된 이미지를 만들 수 있다. 일관된 강의 시그니처는 강의 전반에서 학습자들에게 안정감과 신뢰를 제공하여, 강의 후에도 긍정적인 평가와 추천으로 이어지도록 도와준다. 나만의 강의 시그니처를 만들어 나가는 과정은 반드시 필요하다. 그 과정을 함께 해보자.

🎵 ■ 쓰레드를 통한 시그니처 구축 전략

1) **핵심 가치 정립** : 자신의 교육 철학, 전문 분야, 그리고 강의 목표를 명확하게 정의하여, 이를 토대로 강의 시그니처의 핵심 메시지를 설정한다.
2) **일관된 언어와 스타일 유지** : 모든 포스트에서 동일한 어조와 표현 방식을 사용하여 강사의 고유한 톤을 학습자들에게 일관되게 각인시킨다.
3) 쓰레드 특유의 간결한 형식을 활용해 핵심 메시지를 임팩트 있게 전달하는 짧은 포스트를 제작한다.
4) 이미지, 인포그래픽, 짧은 동영상 등 시각 자료를 적절히 결합하여 포스트의 메시지가 더욱 돋보이고 기억에 오래 남도록 구성한다.

강의 시그니처가 효과적으로 구축되면, 강사의 전문 지식과 스타일이 학습자들에게 분명하게 전달되어 높은 신뢰도를 형성할 수 있다. 인상 깊은 시그니처 콘텐츠는 자연스럽게 공유되고 바이럴 효과를 불러일으켜, 강의 홍보와 학습자 참여를 극대화하게 된다. 일관된 퍼스널 브랜딩은 강의 후에도 학습자들과의 지속적인 소통 채널로 활용되어 긍정적인 피드백과 토론을 촉진하며, 장기적으로 강사의 브랜드 가치가 향상된다. 강의를 듣는 학습자, 그리고 잠재적 학습자를 놓치지 않도록 하자. 기관, 혹은 담당자는 학습자들이 찾는 강사를 향하게 되어 있음을 기억하자. 쓰레드를 통한 퍼스널 브랜딩 전략을 체계적으로 실행하면, 강사는 자신의 교육 철학과 전문성을 효과적으로 드러내며, 경쟁이 치열한 교육 시장에서 차별화된 이미지를 구축할 수 있는 기반이 될 것이다.

8

강의 관련 미리보기 콘텐츠 작성법

> 궁금증을 유발하는 듣고 싶은 강의!

■ 미리보기 콘텐츠의 중요성

강의 관련 미리보기 콘텐츠는 학습자들에게 강의의 핵심 매력을 효과적으로 전달하여, 관심과 기대감을 불러일으키는 역할을 한다. 잠재 학습자들이 "이 강의, 정말 듣고 싶다"라는 동기를 부여받도록 하며, 강의의 품질과 전문성을 암시하여 긍정적인 첫인상을 남길 것이다. 또한, 학습자들이 강의에 등록하거나 추가 정보를 요청하도록 유도하는 효과적인 전환 수단으로 작용할 수 있음을 기억하고 콘텐츠를 기획해보자.

■ 효과적인 미리보기 콘텐츠 작성 전략

1) 강렬한 오프닝 활용

- **흥미로운 훅(Hook) 제시** : 강의의 핵심 질문이나 도전적인 문제, 혹은 놀라운 사실을 오프닝에 포함시켜 학습자들의 주의를 집중시킨다.

30~60초 내에 강의의 핵심 메시지를 전달할 수 있도록 문장을 간결하게 구성해 본다.

강의의 주요 내용, 목표, 기대 효과 등을 간단하게 요약하여 학습자들이 강의에서 얻을 수 있는 핵심 정보를 명확히 파악할 수 있도록 하고, 짧은 클립, 이미지, 애니메이션 등을 사용하여 시각적으로 강의의 매력을 부각시켜 준다.

개인적 스토리도 매력적으로 다루어 강사의 실제 경험이나 다양한 학습자의 사례를 언급하여, 학습자들이 감정적으로 공감할 수 있도록 하는 것도 좋은 방법이 될 것이다.

"더 자세한 정보가 궁금하다면?", "지금 바로 확인해보세요!" 등과 같은 문구를 삽입하여, 학습자가 다음 단계로 쉽게 이동하도록 안내하는 콜 투 액션(CTA)도 설정해보자. 미리보기 콘텐츠 하단에 강의 신청 링크나 추가 정보를 제공하여, 학습자의 관심이 실제 참여로 전환되도록 하는 것은 센스!

미리보기 콘텐츠는 잠재 학습자들의 호기심을 자극하여 강의 등록이나 문의로 이어지는 효과를 극대화할 수 있다. 실제 나의 경우에도, 팔로워가 적은 상태에서도 콘텐츠의 내용을 보고 문의를 하는 경우가 더러 있었다. 전문적이고 감각적인 미리보기 콘텐츠를 통해 강사의 강의를 홍보할 수 있다. 잠재 학습자와의 소통을 활성화함으로써 강의 후에도 지속적인 관심과 피드백을 받을 수 있는 기반이 마련되기도 할 것이다. 강의에 대해 더 알고 싶어 하는 학습자들을 효과적으로 유도할 수 있으며, 이를 통해 강사로서의 입지를 다져나가길 바란다.

9

업계 전문가와의 교류

지속적인 개발과 성장의 도구로 활용하기

■ 업계 전문가 교류의 중요성

강의와 교육 활동에서 업계 전문가와의 교류는 필수적이다.
최신 트렌드와 심도 있는 전문 지식을 공유받을 수 있고 또 나만
의 강의를 만들어 나가는 과정에 중요한 연구가 되기도 한다. 이
러한 네트워킹은 강사의 전문성을 강화하고, 강의 콘텐츠에 새
로운 아이디어를 도입하는 데 도움을 줄 수 있고, 강사의 성장을
지속적으로 촉진하는 데 결정적인 역할을 할 것이다.

1) 최신 정보와 인사이트 확보

업계 전문가와의 교류를 통해 최신 동향, 신기술, 성공 및 실
패 사례 등의 생생한 정보를 공유받아, 강의와 관련된 다양한 정

보를 습득하고 나의 강의에 적용하며 업데이트할 수 있다.

2) 전문성 및 신뢰도 강화

전문가와의 협업의 기회도 열려있다. 강사의 브랜드 가치를
높이고, 강의 내용에 대한 신뢰성을 강화하는 과정에서도 충분
히 이러한 경험을 만날 수 있을 것이다. 내가 운영하고 있는 강
의와 관련된 키워드로 계정을 검색하거나, 강사명, 브랜드 등으
로 전문성과 신뢰도를 향상시킬 수 있는 방법을 배울 수도 있다.

교육 및 산업 관련 컨퍼런스, 세미나, 워크숍 등에 참여하여
최신 트렌드와 사례를 직접 체험하고, 전문가들과 교류할 수 있
는 기회를 마련한다.

- **전문가 모임 및 포럼 활용** : 업계 내 전문 포럼, 온라인 커뮤니
  티, SNS 그룹 등에 적극 참여하여, 지속적으로 정보를 공
  유하고 의견을 나눈다.

쓰레드를 하면서 기억해야 하는 가장 중요한 요소는 지속적
이고 빠른 소통과 피드백이라고 생각한다. 지속 가능한 관계를
유지하며 단발성이 아닌 정기적인 소통과 협업을 통해 장기적인
네트워크를 구축하여, 꾸준한 정보 교환과 소통을 진행하도록
하자. 업계 전문가 혹은 잠재적 학습자들과의 교류를 통해 얻은
최신 정보와 인사이트는 강의 내용을 보다 심도 있게 만들어, 실
제 현장에서 이루어질 강의에도 새로운 동기를 부여할 수 있다.

또한 강의 외에도 다양한 공동 프로젝트, 연구, 출간 및 협업 기회 등을 창출할 수 있는 창구라고 생각하고 강사로서 사업 확장의 방향을 만들어 나가기를 바란다. 나의 경우에도, 인스타그램을 통해 책 출간 의뢰 및 강의 제안을 받는 경우가 점차 늘어나고 있다. 지속적인 성장과 강의 콘텐츠의 개발과 브랜딩을 위한 핵심 전략으로, 체계적인 콘텐츠의 업데이트와 소통, 이 두 가지는 꼭 실천해보자.

10

단발성이 아닌 체계적인 운영

쓰레드에 미니 칼럼/강의 연재하기

단발적인 포스트 대신 체계적인 미니 칼럼이나 강의 연재를 통해, 강사는 자신의 전문성을 꾸준히 노출하고 학습자들과 지속적인 소통 채널을 마련할 수 있다. 그날그날 강의 후기나 강의에 대한 내용을 무작위로 업로드 하는 것보다 사전에 충분히 브랜딩에 대해 고민하고 콘텐츠 계획을 세우는 것이 효과적이다. 나 역시, 마음이 가는 대로 콘텐츠를 제작하던 시기를 지나 현재는 플랫폼의 성격을 반영해 콘텐츠를 기획하고 정기적으로 발행하고 있다. 정기적인 콘텐츠 연재는 강사의 전문성과 개성을 장기적으로 각인시켜, 신뢰도와 브랜드 가치를 높인다는 사실을 기억하자. 특히 연재 형식은 다양한 학습자들이 강의 내용에 대해 지속적인 기대를 가지고 관심을 기울이도록 하며, 상호 소통을 통해 피드백을 주고받을 수 있다. 이는 강의에 대한 관심과 참여도의 향상에 직접적인 영향을 미치게 된다. 다양한 주제의 미니 칼럼이나 강의 연재를 통해, 강사는 본인의 정보와 최신 트렌드를 공유하고, 강의 콘텐츠의 폭을 넓힐 수 있다.

■ 효과적인 연재 콘텐츠 운영 전략

1) 연재 계획 및 일정 수립
- 정기 발행 스케줄 설정 : 주간, 격주, 또는 월간 등 일정한 간격으로 미니 칼럼이나 강의 연재를 계획하여, 팔로워들이 지속적으로 기대할 수 있도록 한다. 무리가 되지 않는 일정 안에서 우선 주 단위로 시작해 보기를 추천한다.

2) 콘텐츠 캘린더 활용
잠재적 다수와의 약속이라고 생각하고 책임감 있게 운영하는 태도를 가지는 것이 중요하다. 강의 주제와 관련된 다양한 아이디어를 미리 정리한 후, 콘텐츠 캘린더에 따라 연재 일정을 체계적으로 관리한다.

3) 강사 고유의 톤과 스타일 유지

강사의 교육 철학과 전문 분야를 반영한 고유의 톤과 스타일을 유지하여, 모든 연재 콘텐츠가 강사의 브랜드와 일관되게 전달되도록 하는 것이 중요하다. '콘텐츠 = 강사'라는 생각으로 강사만의 스토리를 콘텐츠에 입혀낼 수 있기를 바란다.

4) 시각적 일관성 확보

포스트마다 동일한 템플릿, 색상, 폰트 등을 활용해 시각적 일관성을 확보하며, 강사의 전문성을 효과적으로 부각시킨다. 이 과정은 강사가 콘텐츠의 내용에 집중할 수 있도록 도와주고, 시간의 효율적 관리뿐만 아니라 브랜딩을 하는 데 도움을 줄 수 있다.

5) 멀티미디어 콘텐츠 결합

텍스트뿐만 아니라 이미지, 짧은 영상, 인포그래픽 등을 활용해 콘텐츠의 전달력을 높이고, 시각적 매력을 강화한다. 반복해서 말하지만, 텍스트만으로는 강사의 스토리를 전달하기 아쉬움이 있으므로 나만의 방식으로 비주얼적인 요소를 활용해 나가길 바란다.

체계적인 SNS의 운영은 강사의 브랜드 이미지를 지속적으로 강화하고, 장기적으로 학습자들 사이에서 신뢰와 인지도가 상승하는 효과를 가져오게 될 것이다. 첫술에 배부르지는 않겠지만 꾸준히 하다 보면 강사만의 플랫폼으로 자리 잡게 될 것을 확신한다. 특히 실생활에 유용한 정보와 함께 게시하는 강사에 대한 스토리 게재는 새로운 강의 기회와 학습자를 유입하는 데 효과적이다. 쓰레드라는 도구를 활용해 강사의 브랜드를 확고히 다지며, 매력적인 교육 콘텐츠를 운영하는 전문 강사로서의 입지와 경쟁력을 한층 강화할 수 있기를 바란다.

부록

강사가 활용하면
좋은
다양한 도구,
플랫폼 추천!

다양한 형태의 수업이 일상화되고 디지털 플랫폼이 확산됨에 따라, 강사로서 강의의 질과 학습자와의 소통을 극대화할 수 있는 다양한 도구와 플랫폼을 적극 활용하는 것이 중요하다. 이 부록에서는 강의 관리, 콘텐츠 제작, 학습자 참여 증진 및 개인 역량 계발에 도움을 주는 유용한 도구들을 소개하고자 한다. 각 도구는 강의 환경의 효율성을 높이고, 학습 효과의 향상을 도모하며, 강사 스스로도 지속적으로 발전할 수 있는 기반을 마련하는 데 도움을 줄 수 있다. 강의에 따라 적절한 도구를 선택하여 활용한다면, 오프라인과 온라인 강의 모두에서 더욱 효과적인 강의 운영이 가능해질 것이라고 생각한다.

1. 줌(Zoom) + 줌잇

비대면 강의도 잘하는 강사 되기!
대면보다 효과적으로 운영하기!

줌은 전 세계적으로 널리 사용되는 화상회의 플랫폼으로, 비대면 강의 환경에서 강사와 수강생이 원활하게 소통할 수 있도록 도와준다.

줌 바로가기

이에 더해 줌잇은 비대면 강의시 보다 효과적으로 전달할 수 기능을 제공하며 내용에 대한 전달력을 높일 수 있다. 두 플랫폼의 결합은 강사가 대면 강의 못지않게 온라인 환경에서 높은 참여도와 효과를 낼 수 있는데 도움이 된다.

줌잇 바로가기

2. 구글 클래스룸

강의 관리 및 과제 제출과
피드백 제공까지

구글 클래스룸은 강의 자료 관리, 과제 제출 및 피드백 제공을 하나의 플랫폼에서 손쉽게 처리할 수 있는 도구이다. 강사와 학습자 간의 소통은 물론, 자료 배포 및 성과 테스트까지 효율적으로 진행할 수 있어 현대 디지털 강의 환

구글 클래스룸
바로가기

경에 최적화된 도구 중 하나이다. 또한, 구글 드라이브와의 통합을 통해 협업이 용이하다는 장점이 있다.

3. 캔바

강사 명함 디자인부터 강의 슬라이드, 다양한 콘텐츠를 제작

캔바 바로가기

캔바는 누구나 쉽게 전문적인 디자인을 완성할 수 있는 온라인 디자인 도구이다. 캔바를 활용해 명함, 강의 슬라이드, 포스터, 소셜 미디어 콘텐츠 등 다양한 시각 자료를 손쉽게 제작할 수 있다. 사용자 친화적인 인터페이스와 수많은 템플릿으로 디자인 경험이 부족한 강사들도 빠른 시간 안에 매력적인 콘텐츠를 만들어낼 수 있다.

4. 슬라이도

실시간 질문 및 답변! 투표도 가능

슬라이도 바로가기

슬라이도는 강의 중 실시간 질문, 답변, 설문조사 및 투표 기능을 지원하는 플랫폼이다. 강의 도중 학습자의 이해도를 즉각적으로 확인하고, 참여형 학습을 유도할 수 있으며, 강의 분위기를 더욱 활기차고 효율적으로 만들어준다. 실시간 피드백 기능은 강사가 학습자의 반응을 빠르게 파악하고 이에 맞춰 강의 방향을 조정할 수 있게 도와주어, 강의의 질을 높이는 데 큰 역할을 하게 된다.

5. 패들렛

수강자들의 결과물을 공유하고
아이디어를 나눌 수 있는 도구!

패들렛은 디지털 보드 형태의 협업 도구로, 학습자들이 결과물을 공유하고 아이디어를 상호 교환할 수 있도록 지원한다. 강의 후 학습자의 과제나 프로젝트 결과물을 시각적으로 정리하고, 서로의 의견을 댓글로 나눌 수 있어 협업

패들렛
바로가기

학습 환경을 조성하는 데 탁월한 도구이다. 이를 통해 강사는 학습자의 창의적인 아이디어와 참여도를 높일 수 있고, 강의 후기 및 기타 관련된 자료 등을 보다 효율적으로 관리할 수 있다.

6. 릴리스

강사의 역량 계발을 위한 필수 사이트,
꾸준히 공부하는 강사에게 꿀템!

릴리스는 강사들이 자신의 교육 역량을 강화하고 최신 교육

릴리스
바로가기

트렌드를 학습할 수 있도록 도와주는 전문 사이트이다. 다양한 교육 관련 자료, 온라인 강좌 및 전문가 인터뷰, 논문, 기사 등을 릴리스 사이트를 통해 요약하고 정리할 수 있다. 꾸준히 강의를 개발하고 연구하는 강사에게는 필수적인 도구라고 생각한다.

7. 픽사베이

고퀄리티의 이미지와 영상이 필요하다면?
보물 창고 사이트

픽사베이
바로가기

픽사베이는 로열티 프리 이미지 및 영상을 제공하는 사이트로, 강의 자료 제작 시 고품질 시각 자료를 손쉽게 활용할 수 있다. 다양한 카테고리의 자료들이 준비되어 있어, 강의의 내용이나 분위기에 맞는 이미지 혹은 영상 자료를 사용해 강의 콘텐츠를 만들 수 있다. 이러한 시각 자료들은 강의의 집중도를 높이고, 이해도를 향상시키는 데 효과적이다.

8. 감마AI

빠르게 프레젠테이션을 만들어야 한다면,
감각적인 디자인의 ppt메이커

감마AI는 인공지능 기반의 프레젠테이션 제작 도구로, 사용자가 텍스트와 이미지를 입력하면 이를 자동으로 감각적인 디자인의 슬라이드로 변환해 준다. 시간에 쫓기거나 디자인 역량에 자신이 없는 강사도 손쉽게 전문적인 프

감마
바로가기

레젠테이션을 제작할 수 있으며, 디자인 요소의 일관성 및 시각적 효과를 극대화할 수 있다. 빠른 시간 내에 높은 퀄리티의 자료를 만들어야 하는 상황에서 큰 도움이 된다.

9. 클로바 노트

강의, 미팅, 회의, 인터뷰 등
나의 든든하고 똑똑한 비서

클로바 노트는 음성 인식 및 자동 기록 기능을 제공하는 비서 도구로, 강의 중이나 회의, 인터뷰 등 다양한 상황에서 대화 내용을 손쉽게 기록하고 정리할 수 있다. 강사가 강의 내용을 반복해서 확인하거나, 미팅이나 회의 후 내용

클로바노트
바로가기

을 정리하는 데 있어 매우 유용하며, 저장된 기록을 기반으로 필요한 부분을 빠르게 검색하고 리뷰할 수 있다. 이를 통해 강의 및 회의의 효율성이 크게 향상된다.

10. 브루

강의에 대한 마케팅에 필수! 숏폼을 보다 쉽고 재미있게, 영상 제작 사이트

브루
바로가기

브루는 숏폼 영상 제작에 특화된 플랫폼으로, 강사가 자신의 강의 콘텐츠를 효과적으로 홍보할 수 있도록 도와주는 역할을 한다. 간단한 편집 도구와 다양한 템플릿을 제공해 짧은 시간 안에 매력적인 홍보 영상을 만들 수 있으며, SNS나 온라인 플랫폼에 쉽게 공유할 수 있는 기능을 갖추고 있다. 이를 통해 강의 홍보 및 마케팅 활동의 효율을 높일 수 있다.